# 令家竊密詳情
# 習近平大驚

作者／王淨文、季達

# 目錄

令家竊密詳情　習近平大驚

# 第一章

# 令完成美國洩密成懸案

2016 年 2 月 3 日美媒報導逃到美國的中共中央原辦公廳主任令計劃之弟令完成，已把從中辦獲取的 2700 多份內部文件上交美國情報機構。但隨後令完成通過律師否認，引發外界強烈關注。令完成是否洩密，攸關令計劃生死，真相究竟如何？

令計劃落馬牽出的令完成洩密案，涉及瞽江廝殺及中美交鋒。（新紀元合成圖）

第一節

# 美國媒體爆料令完成洩密

　　在中國當代史上，恐怕沒有哪個家族的故事能比山西平陸縣令狐家更驚險更曲折了。不需編劇，只要如實記錄下來，好萊塢就能拍出另一個《紙牌屋》，因為這裡處處都有奪眼球、抓人心的戲劇亮點：宮廷的權謀詭計、政治家的野心私慾、陰謀家的縱橫聯盟、官場的追名逐利、巨大的貪腐黑幕，外加斷子絕孫的車禍、荒誕無稽的色情、夫妻反目、友朋相爭，還有豪門婚變、高爾夫遊戲、高檔會所的極度荒淫與奢侈、追出國門的獵狐行動等等，名、利、色、氣，人間最強烈的元素都濃縮積壓到一起，組成了一場難得的戲劇「盛宴」。

　　令狐家族不但和周文王的後代有關，還和文革時抓捕了江青的汪東興有關，而且和被令計劃設計拉下馬的薄熙來有關，百歲老人令狐野不但給自家五個孩子取了古怪的姓名，還遺傳給了他

們強烈的政治野心和生理貪慾，從而在中共的亂世魔道中上演了一場百年難遇的大奸大惡鬧劇。

## 美媒爆料與律師否認：洩密成懸案

2016 年 2 月 3 日，就在中國人緊張忙碌地準備過年時，曾經率先報導王立軍案細節的美國網站《華盛頓自由燈塔報》，再次釋放重型炸彈，2 月 5 日，華盛頓的一些媒體翻譯出中文稿，迅速在大陸論壇上熱傳。報導稱，逃到美國的中共中央原辦公廳主任令計劃的弟弟令完成，已經把從中辦獲取的 2700 多份內部文件上交美國情報機構，包括核武管控系統和中南海內部運行的細節。

中共中央辦公廳是中共中樞核心部門。除負責中共中央文書、會務、傳達、機要、資訊、調研等，還負責「黨和國家主要領導人」安全警衛、醫療保健，及管理密碼、檔案和中央機關後勤等。

中辦下屬有一重要機構，即中共中央辦公廳警衛局（簡稱中央警衛局、中辦警衛局、中警局或中警），它是中辦下屬正軍級單位，又稱公安部九局，也稱總參謀部警衛局，隸屬解放軍總參謀部。俗稱「中南海禁衛軍」，主要負責中央政治局、中共人大、政協高層和來訪重要外賓的安全工作。令完成若把這些祕密洩露給美國，那對中共高層來說，無異於晴天霹靂。

第二天 2 月 6 日，中南海消息人士向海外媒體透露，大陸過年期間，按照以往慣例放假七天，但習近平親自下令，中南海最高層的七常委今年不能休假，除留守者外，其他高層要下基層。此外，習近平還首次以軍委主席的身分簽署了軍改後首個戰備令：

中部戰區從 2 月 7 日（除夕）起進入二級戰備狀態，中部戰區司令韓衛國中將將親自掌管北京衛戍區，負責首都的警備工作。人們也不清楚中南海嚴陣以待的原因是什麼。

在沉默了一周多後的 2 月 11 日，英國 BBC 新聞援引路透社消息稱，令完成通過曾任克林頓總統白宮主力顧問的美國律師史密斯（Gregory S. Smith）發表嚴正聲明，竭力否認令完成向美國政府洩密，並稱將要對誹謗誣陷者予以法律起訴。

而對於《華盛頓自由燈塔報》的指控以及令完成的否認，無論是美國的白宮、FBI、CIA 和國土安全部的發言人，或者是中共官方，全都拒絕就此案置評。於是，令完成是否洩密、是否「叛敵」或「投誠」，一時間就成了無頭懸案。

## 美官員：令投誠數月 交出兩千多文件

《華盛頓自由燈塔報》（Washington Free Beacon）2 月 3 日引述匿名美國情報官員的話說，從 2015 年秋天開始，令完成一直在美國某個祕密地點，向美國聯邦調查局（FBI）和中央情報局（CIA）等情報官員進行匯報。美國官員還說，令完成已經是中共特工想方設法抓捕甚至追殺的對象。美國情報部門發現中共祕密特工在美國追蹤後，就將令完成置於嚴密的安保之下。報導說，令完成是在 2015 年夏天逃到美國的，而他向美國投誠是在那年秋天，也就是哥哥令計劃被逮捕後的 2015 年 7 月以後。

報導披露，令計劃在 2012 年被調離中辦後的一個月內，從中辦祕密取得大約 2700 多份內部文件，並將之交給令完成，作為保護自己的安全措施。在對令計劃住所的搜查中，中國當局發

現大部分祕密文件是 2012 年 9 月後複印，當時令計劃被調任為中央統戰部部長。隨後令完成保管這些文件並獲得指令，如果令計劃被捕，他就要將這些文件交給美國當局。

報導內容顯示，令完成向美國披露的信息，包括中國啟動核武的程式細節，比如為攻擊行動而準備核武所需採取的步驟，以及啟動核武所用的代碼。文件中的其他機密包括中南海內所用的安全祕密和通訊代碼、中共領導層、國務院和中央軍委所用的藍圖、指令和管控信息等。

報導最後援引美國匿名官員言論稱，如果令完成未來幾個月被確認叛逃身分，他能向美國提供的信息，或是 30 多年來美國從中國叛逃者中得到的最有價值的信息。

## 可信度高的《華盛頓自由燈塔》

新唐人電視台時事評論員橫河分析「令完成案的意義不僅僅是情報」表示，《華盛頓自由燈塔》是美國保守派的網路媒體，這篇是其主編比爾·戈茨（Bill Gertz）寫的文章。橫河指出，這個網站很特別。「王立軍是 2012 年的 2 月 6 日晚上進入美國領事館的，在美國領事館待了一個晚上，《華盛頓自由燈塔》這個媒體是 2 月 7 日創辦的，就是第二天創辦的，它一開始的三篇文章都是關於王立軍的重磅文章，其中第一篇就是披露了薄熙來和周永康結盟，干擾和阻止習近平接班的。

這三篇文章的很多內容都在日後被各種消息來源給證實了，包括中共自己的說法和中共對這幾個案子處理的方式。比爾·戈茨原來是《華盛頓時報》的一個專欄作家，《華盛頓自由燈塔》

創辦的時候就把他挖過來做主編。他本人就是以洩露美國政府內部消息出名的。美國中央情報局前首腦曾經說過，在位的時候這個人很讓他頭痛，他一直想弄清楚比爾‧戈茨的消息來源是哪裡。到他退休以後，他就開始虔誠的讀比爾‧戈茨的文章，以便跟上現在新發生的事情。那也就是說他以中央情報局首腦的身分，確認了比爾‧戈茨本人消息來源的可信度，這是當時的情況。

從這次來看，他所披露的令完成的事情也是相當可靠的，雖然有一些內容可能永遠也不能證實，因為雙方都不會披露，但是已經有一些內容可以確認了，而且我們可以預期還有一部分內容，會被這個事態的發展所進一步證實。」橫河這樣分析道。

## 哈德遜研究學者也相信洩密之事

2月3日當天，《看中國》記者採訪美國哈德遜研究所客座研究員韓連潮博士，也從側面肯定了比爾‧戈茨的報導。

韓連潮博士是第一個來自中共治下的大陸、正式在美國國會受僱工作的中國人。他在美國參議院工作了12年之久，先後為三名參議員工作。他從一名不拿報酬的見習生，成為特別助理，立法顧問，最後還擔任了參議院共和黨副黨鞭的政策主任，參與了一些高層決策，近距離地接觸和觀察了數千名議員參議員和他們的助手，親眼見證了美國的政治制度的運作。

韓連潮表示：「這個可信度非常大。因為我認識戈茨已經很長時間了，戈茨最早是在《華盛頓時報》工作的一個資深記者，主要的特點是，戈茨在美國的情報部門有很多所謂的深喉，這些人經常會給戈茨透露一些信息，所以這個信息，有很大的可信度。」

第二節

# 令完成律師強烈否認

## 令完成律師強烈否認令洩密事件

據路透社 2 月 11 日報導說，令完成通過他的律師史密斯對外發表聲明強調，他到美國來是為了與他人分享打高爾夫球的祕密而不是國家祕密。這是自 2014 年 12 月 22 日令計劃落馬後，令完成首次通過律師公開發表聲明。

聲明說：「一些媒體所報導的有關他掌握大量機密，包括核密碼等荒誕的謠傳，有關他把國家機密傳遞給美國政府的謠傳是沒有根據的誹謗，他（令完成）保留通過我採取適當行動的權利。」

史密斯承認令完成人在美國，但拒絕透露令完成是否申請庇護，是否正在跟美國當局商談。人們注意到，令完成聘請的美國律師史密斯（Gregory S. Smith），曾任克林頓總統白宮主力顧問，

是很有實力的人。史密斯表示，他的當事人希望能安靜的住在美國，正在寫作一本有關高爾夫球的書。

史密斯稱，令完成想在美國靜靜地生活，這樣才能更多地享受打高爾夫球的樂趣。他希望寫作高爾夫球的書分享其高爾夫球的祕訣，這些祕訣可令任何人將高爾夫球打到 10 至 15 碼遠的地方。

## 美放風是為了回應中共誤導說辭

美國哈德遜研究所客座研究員韓連潮還分析說：「中共對令計劃、令完成的事情是很傷腦筋的，想通過一切手段，把令完成抓捕回國。那麼我想，美方通過戈茨這個文章釋放一個信息，就是說，這個人我們是不太可能會把他交出來，因為他對我們來說太重要了。」橫河在評論中也解釋說：很可能是中共官方的一個做法，促使美國以這種半官方的形式做出回應。

2016 年 1 月 15 日，中共中紀委監察部召開記者會，面對路透社記者提出的有關令完成的問題，國家預防腐敗局副局長、中紀委國際合作局局長劉建超稱，中方正在與美國溝通令完成的事情，並確認令完成人在美國。而在 2015 年 12 月，劉建超曾否認負責令完成的案件，也不知道令完成案件的負責人是誰。

橫河表示，中紀委副書記回答《法新社》記者的提問時說：關於令完成這件事情，中方正在處理，也在和美國進行溝通。「這個說法非常含糊，已經有不少海外中文媒體作這樣的解讀：好像美國方面正在配合中方，就令完成的事情在進行談判或進行處理。美國政府就不希望被外界誤讀成這樣，《華盛頓自由燈塔》顯然是美國政府放風的合適媒體。要知道，美國政府也需要通過

媒體放風，並不是因為有什麼機密政府不便說，讓別人說，而是有些政治比較敏感的話題不便說，讓別人來說。」

也就是說，令完成投靠了美國政府，這是事實，他通過律師的聲明只是做做樣子，給中國政府留面子，給美國政府留下周旋的餘地。

## 美國已「生米煮成熟飯」

美國官方對令完成的表態，可追溯到 2015 年 8 月，《紐約時報》報導說，中方要求美方引渡令完成，美國國務院發言人當時只是回答令完成在美國，據知，「他沒有涉嫌有違反美國法律的行為，所以美國政府可能不會管這件事情。」

《法新社》記者曾提到，令完成是美國公民。據說令完成 2013 年到美國後，和一個美國公民結婚後，加入了美國籍。橫河分析說，如果令完成是美國公民，就不存在引渡的問題。「但是這個說法只是《法新社》記者說的，沒有得到中國政府和美國政府的確認，還不能算是官方消息，因此還有討論的餘地。

比爾‧戈茨的文章說，中方把令完成看作是犯罪分子，而美方把他看成是純粹的情報提供者。這兩者差距太大了，無法調和。如果他是情報提供者，沒有違反美國的法律，美國不可能把他引渡給任何人。另外一個問題是，中國和美國的司法體制差距太大，中方即使認為有足夠的證據證明令完成在中國犯了罪，恐怕也達不到美國司法的要求證明他犯罪。而且我很懷疑中方能夠拿出什麼像樣的證據來，如果能拿出來，肯定不是今天，很早就拿出來了！」

　　橫河認為，美國在這時通過一個網站把事情公布出來，「多少有一點『生米煮成熟飯了』，這人已經交出情報，我們不可能再把他送回去。可能有這個意思。」

　　也許不是偶然的，令完成 2015 年秋天就聯繫美國情報部門了，2015 年 12 月 12 日，《美國之音》的「解密時刻」欄目發表了《中情局裡的紅色間諜》一文，記錄了美國聯邦調查局（簡稱 FBI）中國反情報組前組長 IC・史密斯講述中共紅色間諜金無怠的落網內情。文章提到，造成金無怠落網的中共間諜、中共現任政治局常委、政協主席俞正聲的哥哥俞強生，並沒有如官方所說「被祕密處死」了，相反，俞強生在美國至今活得很悠閒自在。

　　有評論說，這是美國政府在暗示中共官員：投誠美國，能獲得最大的安全保證。

# 第三節

# 被逼出來的洩密者

## 江派特工促使令完成洩密

不過人們都知道，令計劃把這些機密交給弟弟，是為了給自己保命的。

有關令完成給美國洩密的事，最早在 2015 年 5 月江派媒體就開始放風了，說令完成在美國和一個華裔女子結婚了。7 月江派媒體稱，北京派出了 30 人的特工小組去尋找和勸說令完成回國。據說令完成在國內工作的女兒也被動員到美國說服父親回國。等到了 7 月 25 日，令完成通過其好友李樹海傳出消息說：「我哪裡有什麼政治核彈啊！我只求能安安穩穩過日子，就算不錯了。」

等到了 2015 年 8 月 3 日，與薄熙來關係密切的《紐約時報》

記者傅才德（Michael Forsythe）發表了《令計劃之弟潛逃美國，或尋求政治庇護》一文，詳細勾勒出令完成逃到美國一年來的具體生活軌跡，以及他購買美國豪宅的情況。

不過令人吃驚的是，曾慶紅控制的中共國安，在明知令完成豪宅住址的情況下（從美國購買記錄中就能查到），還不斷騷擾令完成周圍的人，甚至令完成新妻子張女士的前夫、一個數學博士，也三次被國安的人調查談話。國安的人表示，「你要保護你的前妻，你就得按我們說的做。」結果弄得草木皆兵，讓令完成深切感受到自己在美國已經不安全了。為了躲避中共國安的騷擾和追殺，令完成最後終於找到美國情報部門，不得不走上跟美國政府合作的這條路。

江派故意逼得令完成去「叛逃投誠」，道理很簡單：習近平不是多次與奧巴馬交涉，希望讓令完成回國嗎？那江派就反其道而行之，越是讓習近平難堪的事，江派就越是要促成。令完成的洩密叛逃，不但可以讓胡錦濤原先的左膀右臂令計劃被重判，而且也給中共官員叛逃開了先河，樹了榜樣。

## 韓連潮：如江南案促成變局契機

美國哈德遜研究所客座研究員韓連潮博士對《看中國》記者表示，令完成讓他聯想到 80 年代的「江南案」。

美籍華裔作家劉宜良，筆名「江南」，曾作《蔣經國傳》，記述國民黨內部派系鬥爭，1984 年 10 月 15 日他在美國被中華民國國防部情報局僱用的台灣黑道分子刺殺身亡，內情曝光後延燒到美台關係。

　　韓連潮分析，正是由於這個江南案，讓蔣經國政府內外交困，美國把人權和軍售掛鉤，在很多壓力之下，蔣經國最後終於邁出了一大步，實現了台灣和平的民主轉型。

　　韓連潮認為，這在令完成身上會不會實現還有待觀察，但抱期待。他說：「我當然是希望中國如果出現這個情況，能夠推動中國的民主進程，那是最好的。」

## 章天亮：令完成洩密說明江澤民很危險

　　時政評論觀察人章天亮分析說，令完成向美方洩密，或有更深的中共高層權鬥背景。因為令完成洩密消息出現在習近平論黨紀新書出版之後，而以習近平講話原文證實周、薄、徐、令組成政變集團，這是習為拿下江澤民而造勢的重要步驟。

　　章天亮認為，周、薄、徐、令四人在中共黨內沒有服眾的資格和根基，且在民間口碑極差，這種既不得黨心、民心，又無資本和資歷的人想要篡權，沒有黨內更高的大佬壓陣，是掌控不了局面的。而黨內的大佬，只有江澤民和曾慶紅才可做他們的後盾。

　　章天亮表示，從令完成孤注一擲的反應來看，如果習近平和江澤民還有一絲一毫的妥協餘地，在令計劃一案上習近平都會懾於令完成洩密的後果，而輕判令計劃，同時也表達妥協誠意。而令完成明知一旦洩密，極可能造成習近平一怒之下判處令計劃死刑，卻仍然選擇以攤牌方式自保，只能表明江澤民的地位岌岌可危。不但令計劃沒救了，江澤民也沒救了。

令家竊密詳情　習近平大驚

# 第二章

# 危險的令完成洩密內容

令計劃交給令完成的殺手鐧，是中共高層的關係與隱私。前國家安全部副部長馬建手下有一個特別行動處，專門監視各種要人。馬建正是利用這個特權，掌握了大量政界高層人士的淫亂視頻，其中一部分已由令完成帶到國外。

曾慶紅派特工打草驚蛇，迫使令完成四面楚歌，認為「不能回國，只有美國是安全的」。（大紀元合成圖）

第一節

# 洩露高層隱私才是殺手鐧

令狐家族兄妹五人的古怪名字，是曾在延安「鬧革命」的父親令狐野從報紙上找來的，按長幼排序分別為大哥令方針、二哥令政策、三姐令路線、四弟令計劃、五弟令完成。如今這一家，「方針西去，政策雙開，路線（夫）免職，計劃入獄，完成外逃」，兩個老人在 2015 年 3 月相隔九天雙雙離世。

如今人們最關心的是令計劃到底給了弟弟什麼祕密，以至於他認為這個能和中南海討價還價，以保自己不被拿下？

### 令調離中辦後 靠死黨傳送文件

由於中共封鎖信息，人們只能靠內外流傳的小道消息來猜測分析。流傳最廣的說法是，令計劃自從 2012 年 7 月栗戰書被習

近平調到中央辦公廳當副主任時就開始偷盜文件了，特別是 2012年 9 月令計劃被貶到中央統戰部之後，他利用自己提拔起來的死黨心腹，如時任中辦祕書局局長霍克和中辦機要局有關處長等，大量複製偷拍了數千份機密文件。

據說當中紀委專案組在令計劃家中搜出 2700 多份有「中辦」字樣的密件副本時，工作人員大驚失色。這些中辦文件大部分屬「祕密」級，部分屬「機密」級，甚至還有「絕密」級，涉及中共政治、經濟、軍事、外交和文化等諸多方面，不少文件上面有中共總書記習近平和其他政治局常委的圈閱和批示。雖然這些文件都是影印本或電子版，但數量之多、性質之嚴重，實屬罕見。

據《動向》雜誌報導，令計劃在接獲中央政治局命令調離中辦等候另用時，有十天交接工作時間。但令要求增加一周時間，被批准。同年 12 月中旬，新任中辦主任栗戰書、中組部長趙樂際提出和令計劃核校交班，清點有關文件、資料。令計劃十分抗拒，稱：「已交接清點完畢，總書記胡錦濤和新屆政治局常委、中央書記處常務書記劉雲山已簽署，確認無誤。」

令計劃還精心毀滅一批絕密文件。2013 年 9 月、2014 年 4月及 10 月，中紀委、中央書記處和中組部三次和令計劃談話，甚至亮出底牌指：有 70 多份文件失落，20 多份文件外洩，令的工作日誌本有漏交和作假情況。

據說令計劃 2003 年主持中辦工作後，中央政治局、中央書記處、中紀委先後接到 120 多件舉報，多是涉及令計劃及家屬在經濟領域中的違法犯罪活動，這些舉報全部被令計劃打入冷宮，不少舉報原件還被令計劃親自銷毀。

據高層消息，令計劃毀滅文件是利用調離中辦前的交接期，

在夜間值班時親自處理的。令計劃用化學溶劑毀掉文件，溶劑殘餘物質留在制服上。制服是由中辦後勤處統一洗滌的，在洗滌時發現情況向上級作出報告，才發現令計劃有意銷毀絕密文件。

還有消息說，令計劃在位任中辦主任期間，通過收買中南海電話局話女話務員做情人，以及收買江澤民身邊工作人員家眷等方式，監控和收集現任和離任高層的情況。受令案牽連，中辦玉泉山基地一名負責人已自殺身亡。

## 孟建柱談洩密內容 中辦被清洗

有人算了一下，令計劃 2014 年 12 月被公開調查之前，一年多的時間內，偷盜了 2700 份文件，平均每天 5 份多，這個頻率和數量是很嚇人的。這 2700 份文件中，有 82 份是絕密資料，其中，有關中共黨內的 45 份，有關政府的 32 份，有關軍隊的 5 份。

香港媒體根據政法委孟建柱的一次內部祕密講話內容，把這 2700 份文件按內容分類為：

一、總書記胡錦濤辦公室機要電話號碼、網路和中央軍委主席胡錦濤辦公室機要電話號碼、網路等。

二、中南海地形、保衛編制、程式、暗哨和密碼通訊等。

三、中辦和中央書記處、中央軍委辦、國務院辦在突發事件發生、在非正常時期的關係。

四、中共中央、中央軍委所掌握啟動非常規武器戰爭程式操作（核子武器）。

據說孟建柱很生氣，由於令完成已經將這些最高機密洩漏給美國，這是中共 1949 年建政以來最嚴重的「叛國」行為。因為

中央辦公廳是中共中央所有上傳、下達的樞紐，所有命令必須通過中共中央辦公廳下達，所有報告必須經過中央辦公廳轉交，而中共中央是真正的老闆。

因此令完成所能夠提供的情報和所代表的意義，不僅僅是在情報意義上的，而是政治、經濟、文化、軍事、外交全方位的。

隨後人們看到，中共對令計劃苦心經營了十多年的中央辦公廳進行了大清洗。中辦下面 19 個辦公室的 85 名官員被替換了 72 名，到 2015 年秋天，至少有 55 名官員因此被調查。畢竟牽涉到 2700 份資料的洩密，問題太嚴重了。

## 殺手鐧是高層隱私和淫亂光盤

針對令完成帶走的有關核武器的程式、密碼等，普通百姓覺得丟了這些密碼損失很大，不過專家指出，密碼是隨時可變的，程式也可微調，外界即使了解舊的也不能掌握新的。令計劃交給令完成的撒手 ，更多的應是中共高層的關係與隱私。

有人分析，說令計劃掌握了中國核武機密，這不可信，因為即使是胡錦濤當時也只是名義上的軍委主席，並未真正掌握軍權，令家兄弟更從未介入中共軍隊封閉體系的事務，根本無從掌握軍方的絕密情報。而且從常識判斷，中國核武裝置、發射程序和密碼都是多重組合的控制方式，不可能由一個人全部掌握。而且對軍隊事務無法涉足的令計劃幾乎沒有可能接觸和掌握完整的核武機密，而且這些軍事機密是不可能寫在文件上的。

也有人對華盛頓自由燈塔網披露的令計劃從中共中央辦公廳祕密取得 2700 多份內部文件表示懷疑，因為通過文件方式了

解中共機密的時代早已過去，真正的中共機密不會出現在文件之中。即使很多文件被標為「機密」和「絕密」，但它們與官方媒體上發表的文章已經沒有什麼根本的異同——「真正的機密已經越來越少出現在紙上」。

外界普遍認為，中共為何要開出接收 2.5 萬被美國遣返的中國人和放棄對令完成在美所有財產權利主張的高價，想把令完成弄回國呢？「因為令完成手中掌握著比核武器資料更讓中共高層害怕的信息，那就是——這批視頻，據稱有相當一部分出自 2015 年 1 月被「雙規」的前國家安全部副部長馬建。據財新網披露，馬建手下有一個特別行動處，專門監視各種要人。馬建正是利用這個特權，掌握了大量政界高層人士的淫亂視頻，不少淫亂視頻中的一部分已由令完成帶到國外。

《新紀元》此前報導過，2004 年，大陸民間歷史學者呂加平揭發江澤民的漢奸造假身分以及江與宋祖英的醜聞而被捕失蹤後，網路論壇有貼文警告江立即釋放呂加平，否則將公開江宋性愛光碟；呂加平隨即被釋放。2009 年，呂加平著書披露，曾提供資料給他的某先生被中共國保警方迫害，嚴查性愛光碟去向及來源。（詳情請看新紀元出版的系列叢書之《紅朝第一御案》）

從目前情況看，很可能是令計劃安排、胡錦濤同意，而由馬建具體安排拍攝的，據說是「專業拍攝水準」。當然，除了江澤民的淫亂光碟，馬建還利用各種私人豪華會所，軍隊和地方政府招待所等，拍攝了很多高級官員的淫亂醜聞，這些淫亂視頻對於高官們的政治生命和在民眾中多少還殘存的一點正面形象具有毀滅性的威力——說是「政治核彈」，絲毫不是危言聳聽。

第二節

# 令完成案背後的江派暗線

## 曾慶紅派特工打草驚蛇

　　從 2014 年底起，海外媒體就不斷爆出令完成金蟬脫殼的消息，一會兒說他在美國，一會兒說他已經回國，一會兒說他在北歐，直到 2015 年 5 月，才有準確消息說令完成到了美國，隱居在德州。為了取得美國身分，令完成和李平離了婚，而與一位年齡比他大的美籍華人結婚了。

　　與令完成一樣同是 1960 年出生的李平，山西大同人，原是央視著名女主播，她和令完成也是二婚，此前她已經有一個女兒。令完成的新妻子姓張，後來媒體發掘出她姓張，英文名是 Jane Zhang。2005 年起在德州擁有一間餐館。1999 年與前夫袁先生購入普萊諾獨立屋後，一同生活了 12 年。

　　2015 年 7 月，有華文媒體稱，北京最高層已派出有中紀委和國安共同組成的 30 人的工作組，駐紮在洛杉磯的棕櫚酒店，不斷找尋令完成的下落。兩個月後，據說已與令完成達成回國的初步協議。

　　8 月，《紐約時報》的美國記者傅才德把令完成的住宅給公布出來了：「房產記錄顯示，『令完成在內華達山脈腳下擁有一座面積為 7800 平方英呎（約合 725 平方米）的住宅。」另外，令完成以加州一家公司的名義購買了盧米斯一棟住宅，而一家與該公司地址相同的公司，至少還擁有兩個高爾夫球場，其中一個在盧米斯附近，另一個在內華達州卡森市。

　　據說，令完成於 2013 年 9 月化名為「王誠」在北加州小鎮 Loomis 購下這棟價值 250 萬美元的豪宅。在現場看到其中占地面積最大的是花園，雖然住宅部分建築面積有 780 多平方米，但加上花園卻有 2.5 英畝。花園裡綠草茵茵、花木扶疏，既有超大面積的草坪，也有曲徑通幽的林蔭小道，從大門進入住宅要經過兩重鐵門，一派器宇軒昂的高門大院景象。

　　這棟落成於 2007 年的豪宅，由兩棟西班牙殖民地風格的主體建築組成，並有東西兩翼，內設四個臥室和五個洗手間，除了大門之外，還有兩條私家車道。據悉令完成與妻子以 Jason Wang 和 Jane Wang 的名義，於 2013 年從 NBA 球星本諾·尤德里（Beno Udrih）手中購得此屋。

　　《紐約時報》還採訪了令完成的鄰居馬特森（Ray Matteson），熱情的馬特森自稱和令完成一家是朋友，他稱他們叫 Jason Wang 和 Jane Wang。馬特森至少請他們過來吃過三次飯，令完成有時帶著禮物前來，一次他帶了老家山西的白酒，另外一

次他帶了兩瓶加州葡萄酒。

馬特森說，令完成為人低調，從來沒有透露過他們家捲入中共高層的政治鬥爭，也從來沒有提起過兩個哥哥被捕和侄子在法拉利車禍中死亡的事。馬特森和當地另外一個見過令計劃的人證實，這個自稱「王誠」的人，就是中共媒體上談論的令完成。從購房登記來看，這個豪宅的主人是王誠和李平，但住在那的女人怎麼看也不像那個央視美女，而是令完成的美國新妻子張女士。

奇怪的是，消息曝光後，李平沒有任何動靜，倒是令完成在美國的新妻子張女士的前夫湯米‧袁露面了，袁先生接受《華爾街日報》採訪時透露，有兩個中國男子找過他，「這兩名男子對他說，令完成涉嫌以非法手段牟利，並把大量贓款帶到美國，而他的前妻則涉嫌與令完成假結婚。」

湯米‧袁是個博士，在德州的歐文市擁有自己的數學補習中心，兩名神祕來客找他見過三次面，兩次在補習中心，一次在達拉斯的一家中餐館。他給《華爾街日報》記者看了他在7月9日收到的約在中餐館見面的短信。但是這兩名男子從未公開他們的身分，只說他們姓溫，並表示他們不能在美國久留。

自由亞洲電台也對袁先生進行了採訪：「對於6月，兩名中國特工到訪他在德州的補習社，指為前妻好，就要說出令完成下落。袁先生指，『家中有槍』，意指可以保護自己。」有評論說，兩個神祕來人的重話，令袁先生感覺安全有虞，需要用「有槍」來安慰自己。

特工們還找了其他人。袁先生對《華爾街日報》表示，在兩名神祕中國人到來不久前，令完成的生意夥伴李樹海也找過他，詢問令完成和張女士的下落，說有緊急消息要傳達給他們。李樹

海是他的熟人，在加州擁有兩處高爾夫球場，幾年前通過前妻認識李樹海。

據說，李樹海也配合北京當局說服令完成回國，連張女士都被動員參與說服，甚至令完成在國內工作的女兒也被動員到美國做說服父親回國的工作，女兒 5 月初到洛杉磯，6 月初回國。

然而經過這番大動干戈之後，給令完成的印象卻是「不能回國，只有美國是安全的」。有評論稱，打草驚蛇，「打了兩個月的草，生生地把令完成逼到眾叛親離的地步。」

## 參與違法亂紀的令完成

《看中國》曾發表綜述文章《令完成，難以完成的計畫》，說美國要中國拿出令完成違法亂紀的事實，要證明這點，太容易了，因為令家個個都是違法高手，否則山西政壇也就不會比煤炭還黑了。

令完成 1983 年從吉林大學經濟系畢業後，到新華社工作，據說這「小令」善於交際，是個很不錯的記者，後來升至新華社辦公廳副主任，還出任過新華社屬下的中國廣告聯合總公司總經理。2002 年至 2004 年，他還到湖南大學企業管理系讀了個管理學碩士學位。2004 年以後，他出任中國網通旗下子公司天天（前身名：九天）在線有限公司的總裁；開始掘金；再後來的 2008 年，私募股權基金匯金立方成立，他成為北京匯金立方資本管理有限公司的董事長。

由於有令計劃等「西山會」各路人馬的信息，令完成總是能提前知道哪些公司的股票能上市。由於中國 A 股從發行到上市有

幾年的時間差，匯金立方於是以極低的價格購買原始股，等股市上市後，再以 10 倍以上的價格出售。那時令完成管理的是超過 20 億元規模的資金。比如 2008 年令完成投資樂視網，兩年後樂視網便在 A 股上市。2000 萬投下去，五個月賺取 10 倍。之後是 3500 萬投資神州泰岳，同樣，五個月輕鬆賺取 6 億。

財新網在《令完成的財富故事》中這麼報導說：2008 年成立私募股權基金匯金立方之後，令完成和諸多擁有權力背景的同行一樣，玩起了更易跨越法律邊界的 IPO 攫財遊戲，他帶領包括多名山西商人在內的合夥人，將他們的財富版圖星羅棋布般延伸至各大城市的多個行業，僅匯金立方投資企業成功上市後的所得財富目前累計已超 14 億元。

由於大哥令方針早死，那時的令家三兄弟，一個「上天」坐鎮朝廷執牛耳，：一個「下海」撈錢，還有一個駐守山西大本營，配合默契。按照財新網的說法，令完成雖然年紀最小，但也是令氏家族的核心人物之一，是令家在商界斂財的前台操盤手，深得其兄信任。

那些年中，令完成「帶領包括多名山西商人」，通過龐雜交叉的股權投資在公關、廣告、私募、城市安防、網路信息安全等板塊構築起結構複雜的財富版圖，收穫頗豐。僅以公開發行的股票為例，匯金立方潛伏七家上市公司：神州泰岳（300002.SZ）、樂視網（300104.SZ）、東方日升（300118.SZ）、海南瑞澤（002596.SZ）、東富龍（300171.SZ）、光一科技（300356.SZ）、騰信股份（300392.SZ）。這七家公司都是王誠的藏身之地。

中紀委說山西官場是坍塌式腐敗，兩年中，至少 50 多個山西幫官員落馬，這其中很多在令完成的「朋友圈」，但已經潰不

成「圈」了。他們犯的事，牽涉令完成多少，不言自明。

比如，王茂設，中共山西運城市委原書記，被「雙開」並移送司法機關；李量，中共證監會投資者保護局原局長，令完成的創業板股票籌備上市的主力；毛曉峰，民生銀行董事、行長。令計劃及令完成的校友；冷榮泉，已退休的原中國網通副總經理、黨組副書記，令完成曾經的同事；姚剛，證監會原副主席，令完成的高爾夫球好友，李量就是姚剛的直系下屬。當年令完成涉足股市的創業板塊，留下過很多股價飛天的傳奇故事。2015年的股災之後，中信證券大地震，被抓的高官中有一個叫程博明的，是中信證券的總經理，他和令完成聯手玩轉股價的醜聞也被官方媒體報導過了。

《看中國》文章說，「致於令完成也違反美國法律，那就更有證據啦，偽造姓名、涉嫌欺詐婚姻、原來是共產黨員隱瞞不報……切實、清晰且可信的證據隨手一摸就是一大把。」

## 陸媒暗揭令案涉江澤民家族

2014年11月26日，大陸《財新網》發表了《令完成的財富故事》，暗示令完成與江綿恆存在商業利益關係。

據一份2003年度外資法人企業年檢報表，令完成使用化名「王誠」擔任九洲在線有限公司（簡稱九洲在線）總經理。文章稱，成立於2003年7月的九洲在線，當時註冊資金為4.9億元。由江綿恆掌控的中國網絡通訊集團公司（簡稱中國網通）持有九洲在線40％股份，外資企業VC軟銀亞洲基礎設施基金網絡公司（簡稱軟銀）、IDG網絡投資公司（下稱IDG）各持股30％。時

任中國網通副總經理冷榮泉擔任法人代表。隨後，九洲在線改名為天天在線。

因承接了中國網通寬帶網路和視頻信息平台業務，再加上濃重的官方背景以及擁有「網上傳播視聽節目許可證」在內 25 項資質，天天在線成為當時中國大陸互聯網類企業中資質最齊全的公司之一。

2004 年，天天在線策劃推出網路新聞聯播，在網上播放中共央視新聞聯播，還與上海文廣集團簽約成為戰略合作夥伴關係。而上海文廣的後台牽涉江派原上海人大常委會主任龔學平、中共前政治局常委李長春。

天天在線在 2004 年還曾入選「中國互聯網百強網站」。2006 年 11 月，天天在線召開股東會議宣布中國網通退出，將其 40％股份分別原價轉給 IDG 和軟銀。自此天天在線成為大陸外資公司，令完成以「王誠」之名取代冷榮泉出任董事長，冷榮泉則擔任總經理和法人代表。對此，《財新網》分析認為這是各方妥協的結果。

2015 年 4 月 17 日 16 點 56 分，中共中紀委監察部網站發布消息稱，據國務院國資委紀委消息：中國電信集團公司原副總經理冷榮泉落馬。

第三節

# 令完成效應與展望

## 各方熱議令完成洩密效應

令完成出逃洩密，對中共政壇乃至整個國際社會影響都很大。2016 年 2 月 8 日，俄羅斯衛星網刊發軍事專家卡申的文章稱，令完成洩密是數十年來中共最大的一起機密洩露案，其危害性可與 1985 年中共國安部負責人之一俞強聲出逃美國造成的後果相當，但實際上後果要嚴重得多。

文章認為，令完成十有八九是在出逃前很長時間就從令計劃那裡獲得了祕密情報。由此可見，令計劃身為一名中共高級別的領導人，竟認為有必要事先備好一些國家機密，必要時出於個人目的轉移或利用作為「敲詐」的工具。

「現在的主要問題是，這是不是個例。」因為中共存在大量

裸官（妻子兒女已經移居國外的中共官員）。卡申指，北京當局將不得不對中共官員及其家屬的海外關係給予特別關注。也許人們很快將能看到一系列新的出人意料的高層人事變動，反腐力度只能進一步加大。

新唐人電視台時事評論員橫河也認為，對於令計劃這樣一個關鍵人物，其調離時居然沒有人去監視，沒人去查他的海外關係，這說明中南海高層幾乎人人都有親戚在國外，或已經是外國公民了。「很多人說『中國帶路黨』，其實帶路黨就在中央，你可以看到最高層一出事，想到的就是往美國跑或者是投奔美國，一有個風吹草動的還不都成為帶路黨嗎？！真正有賣國的權力和資格的還真的就是高層的人物，而不是普通的老百姓。」

台灣淡江大學美洲研究所教授陳一新認為，如果令完成洩露的文件涉及中共網路的安全布署，這將是比核武更重要的情報，因為中共短期內很難大幅調整網路安全架構。

美國哈德遜研究所客座研究員韓連潮博士認為，目前無法得知令完成透露了多少機密給美方，估計他不會把知道的全部都說出來，因為北京很多傳聞，說令完成洩密會導致令計劃被判死刑。

他指出，據說令完成帶出來的材料也包括大外宣，收購哪些個媒體，動用多少資金，以及許多中共對外的一些戰略和做法。如果這些情況都是真實的話呢，就是等於是對中共非常大的一個破壞，對它的整個大外宣的戰略，對外擴張的戰略，打造軟實力的這些做法，是一個非常大的挫敗。

韓連潮認為，中共內鬥會加速中共解體，如果加上來自美國的外部壓力，就更會加速解體中共。

## 獵狐行動頭號目標 遣返性極低

令完成毫無疑問是目前中共海外追捕的頭號對象，是 2016 年「獵狐」行動的重點。

據公安部網站消息，2015 年 4 月至 12 月底，公安部開展了「獵狐 2015」專項行動，對外逃經濟犯罪嫌疑人以及涉腐敗案件外逃人員發起集中緝捕攻勢，共抓獲外逃人員 857 名。中國公安部還同時宣布正式成立「境外緝捕工作局」，繼續開展「獵狐 2016」專項行動。

「獵狐 2015」期間，中國從 66 個國家和地區成功抓獲各類外逃人員 857 名，其中，緝捕歸案 477 名，投案自首 366 名，異地追訴 14 名；而涉案金額超過億元的 58 名，外逃 5 年以上的有 667 人，時間最長的達 21 年。這些外逃人員包括從美國遣返 2 名，從歐洲躲過引渡 6 名，而東南亞國家緝捕 283 名，占全部抓獲人數的 33％。

不過《新紀元》在系列叢書《獵狐行動瞄準三大家族》中，分析了中共很難真的獵狐成功，因為像美國那樣的發達西方國家，其司法制度是不承認中共的追捕，因此令完成被抓回去的可能性只有 1％ 左右，除非出現「美國版賴昌星」事件。

## 第四節

# 令案引發的俞強聲叛逃案揭祕

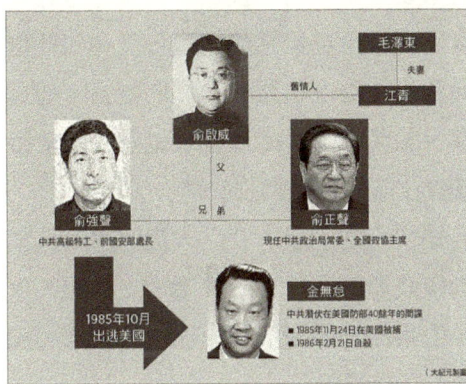

俞強聲人物關係圖。（大紀元合成圖）

　　中共前中辦主任令計劃的弟弟令完成叛逃案鬧得沸沸揚揚。此前，中共曾發生多起高官充當間諜事件或叛逃案，包括劉連昆案、徐峻平案和俞強聲案，和令完成案有很多類似的地方。

### 令完成洩密高層事務細節 中共最怕

　　2016 年 2 月 3 日，美國新聞網站「華盛頓自由燈塔」披露，令完成正在向美國聯邦調查局和中情局等情報機構透漏有關中共政府的最機密資料，包括核武器啟動程式和密碼信息。

　　除了外界普遍關注的中共核武器啟動程式和密碼信息之外，其他的機密有中共領導層及他們所使用的設施的細節，包括北京中南海內部的情形。據了解，這些情報對美國的電子間諜，特別

是收集中共領導層資料的網路情報工作，尤其有價值。

網站援引前美國國務院中國專家譚慎格（John Tkacik）的話稱，令完成很可能提供有關中共內部權力鬥爭的內幕，如有關周永康和薄熙來的案子；但最重要的是他可以提供中共全球金融戰略的內幕操作，如中共在全球金融市場滲透到何種程度，包括個人及網路的滲透，以及如何利用這些工具累積他們的財富；他還可能提供中共對美國的農業、工業和傳媒的收購，以及如何使得這些收購配合北京更大的戰略計畫，威脅美國的經濟。

《金融時報》引述兩名知情人的話說，令完成透露給美國調查員的祕密包括：中共啟動核武器的程式，中共領導人的個人生活，他們的安全保衛安排，中南海的保衛情況。在中共叛逃美國的人員當中，他提供的信息「最有價值」。

時事評論員鄭浩昌則認為，令完成這步棋叫做「魚死網破」，雖然能保自身的安全，但是也必定導致令計劃案加速揭盅。如果令完成把機密交付給美國，他要挾北京的籌碼也就沒了。

2月11日，令完成通過其律師打破長久的沉默，否認他向美國當局交出中共國家機密，包括核武器發射密碼。曾在克林頓總統時期擔任白宮顧問的華盛頓律師格雷戈里‧史密斯告訴路透社，他已經被令完成聘為律師。史密斯稱，令完成對最近的指控感到煩躁不安。

美國華府中國問題專家石藏山認為，早在2015年就有消息稱，令計劃被中共當局控制後不久，令完成就開始和美國情報部門接觸，雙方已經進行了大量的合作。

現在美國媒體放出消息，稱令完成向美國透露了很多的機密，不是無意的，而是有意的。這跟中美之間的某些事情有關係，

代表美國已經掌握了某些很敏感的材料，最起碼是在騎馬「拉繮繩」：如果中共不答應美國的條件，把這些事情說出來，中共可能「吃不了兜著走」。這可能涉及到朝鮮問題和南海問題，有這麼一點意思。美國人現在是「繮繩」拉完，再放鬆。尤其是那個律師曾在白宮任職，很值得可圈可點。

習近平現在碰到了挺麻煩的事。因為中共在海外的太子黨很多，如果都像令完成這樣，國內處理其親戚，他們就把掌握的中共內部情況曝光出來，中共會相當被動。其實北京擔心的倒不是核武器的密碼這樣的情報被洩漏，因為這個密碼天天在變。反倒是那些小事，如那個中共高層在哪天和誰吃了飯，說了什麼話，有什麼關係，如果都記錄在案，可用做情報分析的資料庫，這讓中共很害怕。這樣的事情，令完成和美國人談，可能要談幾個月或一年。

有了這個資料庫，對美國的情報分析工作將非常有利。因為現在信息很多，比如每天有 2000 條，或者 3000 條消息，哪些是真的，哪些是假的，需要分析。其實 90% 的情報工作是分析信息，而不是像 007 那樣到處跑。在這個資料庫的基礎上可以延伸出很多東西，藉此評估情報的可信度。對得上，可能是真的；對不上，可能就是假的。

所以對情報部門而言，大量這種高層事務平實的細節，如令計劃和胡錦濤哪天吃了一頓飯，說了哪幾句話，那才是真正的無價之寶，可以用來對公開的資料進行判斷。

中共中辦前主任、時任統戰部長令計劃於 2014 年 12 月 22 日落馬。2015 年 7 月 20 日當局在通報令計劃被逮捕時亦證實，令計劃涉嫌「違法違紀獲取大量核心機密」。

## 中共常委俞正聲兄俞強聲出逃內幕

中共面臨高級官員出逃後的洩密問題，相比過去的俞強聲，令完成只是小菜一碟了。

1985 年 10 月前後，中共高級特工、國安部處長、中情局線人代號為「舵手」的俞強聲從香港沙頭角出逃美國。

俞強聲的出逃過程相當驚險。據知情人士透露，當時負責中共對北美情報事務的俞強聲作為國安部的「首長」，帶人前往香港「視察」中共的駐港情報系統，他們一行人在沙頭角中英街買東西。

過程中，跟隨俞強聲的祕書發現俞不見了。祕書以為俞強聲跑到哪家店去買東西了。於是，眾人開始分頭到處找俞強聲。

40 多分鐘過去了，這些人還是沒有找到俞強聲，於是趕緊報告給北京。北京立刻下令，要求不惜任何代價找到俞強聲，不論生死，一定要把他找到。

幾個小時後，中共的槍手和特工趕到了香港啟德機場。這時一架飛往美國的民航班機剛好起飛，俞強聲就在飛機上。就這樣，中共的人馬只好眼睜睜地看著俞強聲成功逃往美國。

事後外界分析，俞強聲這次出逃，是早就策劃和安排好了的，方法非常專業，幾乎沒有漏洞。

俞強聲又名俞真三，父親俞啟威，又名黃敬，曾是毛澤東妻子江青的舊情人。俞啟威後來與史學家范文瀾的妹妹范瑾結婚，育有俞強聲和俞正聲二子。俞強聲喜歡社交，性格開朗，英語說的不是很好。

俞強聲畢業於北京國際關係學院，是中共特務頭子康生的乾

兒子，經康生推薦進入特工機構。康生與俞啟威是山東老鄉。

俞強聲出逃後，據傳因為鄧小平之子鄧樸方的力保，才使俞家安然無恙。他的弟弟俞正聲其後繼續高升，現在是中共第四號人物，官至中共政治局常委、政協主席。

據公開信息，俞強聲投奔美國，導致潛伏美國 40 餘年的中共間諜金無怠被捕，被稱為中共損失最大的特工反水事件，令鄧小平震怒，下令撤銷了時任中共國安部長凌雲的職務。時任中共政法委書記陳丕顯再三檢討後才過關。

俞強聲逃美後便銷聲匿跡，兩年後中共媒體傳出，俞被中方五名特勤人員追到南美某國於海中溺斃身亡，還有說是中共特工在俞到南美旅遊時在其食物中下了放射性鹽，也有說俞在美國西海岸遭到處決。

美國方面對上述說法一直沒有回應。但在 2015 年 12 月 12 日，《美國之音》的「解密時刻」欄目發表的〈中情局裡的紅色間諜〉一文，記錄了美國聯邦調查局（簡稱 FBI）中國反情報組前組長 IC‧史密斯講述中共紅色間諜金無怠的落網內情。

史密斯在接受採訪時提到，中共所宣傳的俞強聲被中共特工暗殺是謊言。他表示，俞強聲是被中情局招募的，代號是「舵手」，俞的英語有點生硬，喜好社交，很外向。「我很願意和他在喬治城（華盛頓的一個高檔商業區）消磨一個晚上，從一家酒吧喝到另一家酒吧。」

史密斯還透露，俞沒有被中共特工謀殺，「我可以戳穿那樣的說法。那不是真的。」就在採訪時，他還提到他也看到說俞在危地馬拉海邊被謀殺等，那也不是真的。

至於記者問及，聽說俞搬到加州的問題，史密斯表示，「我

不能對此發表評論」。

文章還透露，大約在 1990 年前後，一個極其偶然的機會讓金無怠的好友張茂林和俞強聲有過一面之緣。那是在牌桌上，俞強聲自我介紹姓張，做生意。後來張茂林通過另一位給中情局做過翻譯的牌友得知，那位張先生就是俞強聲。

俞強聲出逃美國一個多月後，直接導致潛伏美國 40 餘年的中共間諜金無怠於 1985 年 11 月 24 日被 FBI 逮捕。他是美國逮捕並定罪的第一個中共紅色間諜，被指控在過去 30 多年裡一直向中共當局傳遞情報。

據加拿大人陶德‧霍夫曼的《內部間諜》一書描述，以俞強聲在中共國安部的地位與職權而言，並沒有資格獲悉金無怠的任務，但在美國中央情報局（簡稱 CIA）的指示下，俞強聲很積極地找尋線索。

俞強聲發現中共國安部王姓女特工掌管該部在北美地區活動的資料，他開始每天注視王女的行動和她所處理的資料。終於有一天在王女的桌上看到了潛伏 CIA 的間諜將在特定的時間到香港及澳門的行程，以及下榻的旅館名字。俞強聲立即通知 CIA 駐北京的特工。金無怠身分從此曝光。

另一說是俞強聲在國安部辦公廳當國安部長凌雲的祕書。有一次，凌雲到廣東省安全廳。廣東省安全廳的官員向部長凌雲彙報美國國防部的一個中共特務的情況。本來按規則只能國安部長在場，但凌雲表示，俞強聲可以信得過。結果，俞強聲因此得知美國國防部內有一名中共間諜。後來，回到北京國家安全部後，俞強聲藉接近國安部長辦公室的機會，發現了美國國防部那名中共間諜（金無怠）飛往香港的航班和時間。

由於俞強聲出逃致使中共在北美的情報網受到嚴重打擊，鄧小平大發雷霆，胡耀邦嚴令層層追責，導致中共國安部成立之後首任部長凌雲被免職，賈春旺接掌中共國安部。

時任中共中央政法委書記陳丕顯也再三檢討，後來以年齡到線的理由黯然下臺。中共政法、國安系統因而徹底被整頓，大批官員受到處分和貶抑。

在美拘留期間，金無怠希望中共以釋放魏京生為交換條件，要求美國釋放自己。在一次探視中，他提出要自己當時的妻子周謹予去一趟北京，設法求見鄧小平。但周謹予最終沒有成行。

中共顯然拒絕了金無怠的要求。時任中共外交部發言人李肇星對美國國務院就該事件的抗議回應說：「我們同那個人沒有任何關係。美國方面的指控毫無根據。」

1986 年 2 月 21 日早上，或許覺察到自己已經被中共拋棄了的金無怠，被人發現在拘留所裡自殺，時年 63 歲。

在冷戰期間，蘇聯曾經用人質同美國換回己方被捕的間諜，金無怠認為中共也會一樣把自己換回去，但其最終結局是被中共「拋棄」，在絕望下結束了自己的生命。

令家竊密詳情　習近平大驚

# 第三章

# 最擅長偽裝的令計劃

2015 年 5 月以來，總參組織了 7 個軍區 15 個合成旅、7 個炮兵旅、7 個防空旅（團）跨區參與對抗檢驗，精選另外 6 支部隊擔任敵對的藍軍，其中 29 場實兵對抗，藍軍完勝。據說朱日和藍軍的全勝，促成了習近平強力推進軍隊改革的決心。

令計劃案在北戴河會議前夕被公布。令案折射出中共高層的權鬥，並牽動中南海政局走向。（新紀元合成圖）

## 第一節

# 令計劃結盟周永康的內幕揭祕

在中共政壇上，令計劃可以算是最善於偽裝、政治野心最大的「奸臣」之一。

薄熙來雖然野心大，但他鋒芒太露，因忍不下令計劃炮製的離間計而給了王立軍一耳光，就這一耳光把自己的命運帶進了「日薄西山」的宿命中。

周永康雖然也想一直把「維穩沙皇」的帽子帶下去，但「周元根」畢竟根基淺，只是江澤民與曾慶紅的前台打手和酷吏，從「百雞王」的惡名也能看出他的偽裝本領不高。

令計劃卻不同了。一個山西運城的農村青年，能夠扶搖直上，在中央辦公廳這個最高執行機構「執牛耳」掌控實權十多年，能貪腐數十億家產並擁有 29 個情人 5 個私生子，卻依舊給人道貌岸然、廉潔奉公的形象，不能不說他的演技高明。

令計劃眼裡，敵人和朋友是隨時變化的，只有權力慾望不變。為了實現自己問鼎中原的「理想」，看到江派要把薄熙來扶上 18 大，令計劃就布下離間計推倒了薄熙來；2012 年 3 月 18 日自己的獨生兒子慘死車禍後，不得習近平喜歡的令計劃，開始謀劃如何與昔日的敵人－「江派」周永康結盟，為了升官入常，竟然隱瞞喪子之痛，喜笑顏開地陪同胡錦濤外出……

一個把人間真情都能拋棄埋葬的人，還有什麼惡事做不出來呢？

從這一點看，令計劃不愧是毛澤東的「好學生」，中共「假惡鬥」的「好苗子」，後來曝光出來的他那些惡事醜事也就不奇怪了。

## 說法不一的令谷車禍死亡案

新紀元在 2015 年 3 月出版了暢銷書《令計劃與習近平的兩次較量》，介紹了當時阻礙習近平掌權的另一股勢力也被圍剿。在習眼裡，阻撓其執政改革的主要有兩大力量：一是江澤民貪腐集團，另一個就是令計劃代表的毛左勢力。

令計劃早年受到汪東興的栽培。當薄一波還在牛棚時，他已從運城農村升入北京團中央。兒子令谷被謀殺後，令計劃採取了一系列復仇計畫，周永康的親信蔣潔敏在令谷死亡周年忌日落馬，就是其中之一。

但最後令計劃與周永康是怎麼走到一起的呢？由於中共封鎖信息，如今人們也只是在拼湊有限的已知事實，真相還遠遠沒看到。更複雜的是，江派不斷利用自己控制的媒體釋放假消息，本來真相就少，再加上很多假料，便令輿論更加混亂，案情更加撲

朔迷離。

比如，2012 年 3 月 15 日薄熙來被宣布接受調查，3 天後法拉利車禍使令谷死亡，同時死亡現場還出現了所謂「車震」與兩裸女的畫面。為了不讓醜聞影響其 18 大晉升，令計劃決定與周永康結盟。

後來又有消息說，令谷是冤死的，他只是和郭文貴的兒子一起去接兩個藏族美女，以便讓國安副部長馬建「嘗鮮」。也就是說，令谷只是去接人，並沒有和美女在車上亂搞，怎麼會發生車速近百公里的慘烈碰撞呢？又是誰布置了裸體現場照呢？

也有人說，令谷去的不是郭文貴的盤古大觀，而是趙晉的私人會所，讓令谷「幫忙接人」的是令谷的親舅舅谷源旭。

如今趙晉和他的親爹趙少麟、乾爹周本順，以及郭文貴、谷源旭、馬建、蔣潔敏、周永康等人大多被抓了，但真相還是難尋。

## 令計劃與周永康結盟的各自原因

無論兒子死因如何，一向武斷專權、越俎代庖的令計劃，未經胡錦濤批准，就調動中央警衛局部隊趕去封鎖死亡現場，這給江派和習陣營很好的理由來讓令計劃吃不了兜著走。

有人分析令計劃和周永康的聯合，都是為了各自的算盤：

令計劃的考慮：一、薄熙來經此事後，無論最後處理結果如何，絕無可能再衝登 1 號位置，再也不會翻身；二、如果此時不與周永康聯合，自己 18 大定會受影響，胡錦濤的 18 大人事安排也會因自己醜聞牽連受影響；三、周永康與薄熙來有顛覆習近平的計畫和自己骨幹人員的支持，考慮到令計劃的年齡優勢，周永

康不可能 18 大後繼續在前台。如果與周永康結盟，借助支持周永康和薄熙來的力量（當時有周永康的政法、石油、四川系統和支持薄熙來的重慶、大連及部分紅二代），自己又在團系統內有支持，整合周永康和薄熙來的力量再加上自己的力量（西山會和中央警衛團），確保自己進 18 大常委，19 大再借助周永康、薄熙來、徐才厚力量和自己團派內的力量來顛覆習近平，自己成為一號絕對可行。

周永康的考慮：一、「薄周密謀」已經暴露，習近平遲早知道。如果習近平上位，自己肯定完蛋；二、自己 18 大年齡已到，要退休，不如整合支持自己與薄熙來的力量和令計劃的團系統內力量，把令計劃推進 18 大政治局和常委行列，而後再繼續謀劃 19 大把令計劃扶上一號位置，那麼就能保證自己和支持周薄的力量平安降落。

## 習近平背痛消失 14 天的原因

2012 年 5 月，令計劃在事先沒有經過全體政治局和元老們批准的情況下，以中辦和中組部的名義，組織了全國 300 多名中央委員對 18 大常委候選人進行醞釀，評選結果，令計劃自己名列前茅。

接下來的 5 月盲人律師陳光誠出逃美使館事件，令計劃讓周永康擔任領導組長，而把溫家寶排斥在外，等到了 8 月北戴河會議時，令計劃又力勸胡錦濤輕判薄熙來、放過周永康，令計劃聯合周永康的這兩次行動，都讓習近平很憤怒。

有人說，習近平在 2012 年 8 月底「消失了 14 天」，就是針對令計劃的。這個說法不成立，假如習近平只是針對令計劃而「罷

工」，那9月1日令計劃被貶到統戰部後，習就該露面的，但實際上習近平是拖到9月15日才出來的。《令計劃與習近平的兩次較量》在書中給出了獨到的分析。

書中分析說，習近平撂攤子主要是針對江澤民的瘋狂干政以及胡錦濤不作為的「擊鼓傳花」：胡錦濤想把薄熙來、周永康政變集團的案子推給習近平上台後才處理，但習清楚的看到，假如不立刻司法審理薄熙來、內部調查周永康，習上台可能坐不穩半年，就得被江派趕下台。與其那樣，還不如現在就辭職，不接總書記這個爛攤子了。

習近平拿出這一殺手鐧是中共元老們意想不到的。當時中南海一下就靜下來了，誰也不敢再爭來鬥去了：習不接班，中共18大就開不成，因為再也無法找到一個能令各方都能接受的總書記了。於是有媒體報導說，中共元老們開始妥協，終於達成三點一致：一、由於薄熙來挑戰18大「習李體制」規定，要嚴懲薄，移送司法；二、由於周永康支持薄熙來，習近平不滿，周永康在2012年9月被剝奪了政法委實際權力，掛名等待退休；三、由於薄熙來是開國元老後代，對薄熙來的判決只宣布輕微數額的貪腐，打倒他即可，允許他兒子在海外繼承夫妻巨額經濟利益，對薄熙來家族的其他成員不再追究經濟問題。

於是在9月1日星期六下午五點半，新華社網站發布消息稱，令計劃兼任統戰部部長，不再兼任中央辦公廳主任職務；杜青林不再兼任統戰部部長職務；栗戰書任中央辦公廳主任。這一日三大任命來得非常突然，按中共慣例，還有兩個月就開中共18大了，要換人也要等到那時候，不過習近平等不及了。

這三大任命其實是一環扣一環的，杜青林的調離是為了騰位

置給令計劃，而令計劃的調離是為了讓栗戰書接手 18 大的籌備工作，否則 18 大的所有決議仍舊會依循胡錦濤、令計劃的左派保守模式。據說，令計劃的獨斷專行和攬權作風，讓習近平非常反感。在毛左這方面來看，令計劃和周永康很類似，都是非常強硬的左派人物。

然而新紀元獲悉，當時習近平提出的要求遠遠不止上述三點。習近平提出，不嚴懲薄熙來，不降格政法委，不讓周永康立刻辭職，他就不接班。在習「神隱」的 14 天內，他還提出了 18 大時間表，要從政治文化等方方面面都不能讓薄派再「翻身」，系統地肅清文革餘毒，逐步摒棄毛澤東和馬列思想等事項。

雖然胡錦濤在 9 月 1 日就宣布撤換了令計劃，但江澤民並沒有答應要嚴懲薄熙來、撤換周永康。於是，習近平就和江澤民對峙起來，以身體有病為由，「罷工不出」。

據消息來源稱，在拒絕會見外賓、拒絕出席活動的這 14 天裡，習近平主要是和太子黨朋友們在一起。「習近平的神隱事件標誌著他不再屬於中國政壇的兩大陣營——江派或團派」。習近平在神隱中會見了 200 多名紅二代太子黨，他要進行改革的舉措獲得了這些擁躉的鼎力支持，習近平嘗到了按自己方式出牌的甜頭，也為他日後敢於挑戰黨內大老虎，打下了強大的心理基礎。

拖了 14 天後，江澤民與曾慶紅為了自保，只得斷臂求生，決定拋棄薄熙來與周永康。

## 周永康與令計劃案的不同點

對令計劃的調查，可以說是在周永康被調查，得到線索之後

才開始的。可能最初習近平並沒有想到要動令計劃。

周永康案的正式追查始於 2013 年 12 月 1 日，中央政治局常委會決定開展核查。2014 年 7 月 29 日，中央紀委宣布立案審查周所涉「嚴重違紀」；2014 年 12 月 5 日，政治局會議決定開除其黨籍，並移送司法處理。到這時，令計劃案才開始立案。2015 年 5 月 22 日，天津市中級法院以「涉及國家祕密」為由進行不公開庭審；6 月 11 日一審宣判，以受賄罪、濫用職權罪、故意洩露國家祕密罪，判處周永康無期徒刑、剝奪政治權利終身、沒收財產。

2014 年 12 月 22 日晚 8 時，中紀委通告稱，根據中央紀委、最高人民檢察院、公安部在查辦案件中發現的線索，政治局常委會召開會議，決定對令計劃立案審查。幾天後的 12 月 31 日，令計劃被免職。

也就是說，在查辦周永康案子時，中紀委才發現令計劃違法違規的線索。調查進行了半年多後的 2015 年 7 月 20 日 22 點整，政治局會議通過中紀委《關於令計劃嚴重違紀案的審查報告》，決定給予令計劃開除黨籍、開除公職處分，對其涉嫌犯罪問題及線索移送司法機關依法處理。但直到 2016 年 2 月猴年過年後，令計劃案也一直沒有審判。

有消息說，在 2016 年 3 月中共兩會之前，令計劃案可能就會審判了，特別是令完成都被公開披露與美國政府合作了，令計劃案也就應該落地了。

官方在 2015 年 7 月 20 日的公告中說，「經查，令計劃嚴重違反黨的政治紀律、政治規矩、組織紀律、保密紀律；利用職務便利為多人謀取利益，本人或通過家人收受巨額賄賂；違紀違法

獲取黨和國家大量核心機密；嚴重違反廉潔自律規定，本人及其妻收受他人錢物，為其妻經營活動謀取利益；與多名女性通姦，進行權色交易；對親屬利用其職務影響力斂財牟利負有重要責任。調查中還發現令計劃其他涉嫌犯罪線索。令計劃的行為完全背離了黨的性質和宗旨，嚴重違反黨的紀律，極大損害黨的形像，社會影響極其惡劣。」

有專家學者分析了周永康案與令計劃案的異同。第一，令計劃是主動「獲取」黨和國家大量核心機密，是有預謀有計畫的，周永康主要是「洩露」國家機密，其性質不同。

第二，周永康及其家人的違法犯罪主要都在國內，而令計劃家族的犯罪成員中，有兩個重要的人物：令計劃的弟弟令完成，令計劃的養子令狐劍，因提前潛逃國外，下落不明，增加了調查難度。

第三，令計劃案上第一次使用了嚴重「違反黨的政治規矩」一詞。政治規矩指腐敗分子大搞小圈子、宗派主義、山頭主義，如令計劃的「西山會」等，不是堅持黨中央的集中統一領導，而是背地裡私下自搞一套。

有人稱，令計劃不講政治規矩，威脅的是中央的統一領導，周永康、薄熙來搞非組織政治活動，威脅的是組織程式和監督，以及影響公眾的政治態度。對國家的危害雖然側重點不同，但是打個比方，令計劃走的像是直線，周永康、薄熙來走得像是曲線。

也有人說，從中共政權自身的角度來看，令計劃只是害黨，而周永康則是既害黨又害國。不過，從令完成向美國洩密來看，令計劃的害國罪也是很嚴重的。

## 盤點團系落馬高官

大陸微信公號「長安街知事」2月9日刊發題為《出身團系的這些高官暴露了問題》的文章，盤點了多名落馬團系官員。

包括廣州前市委書記萬慶良受賄1個多億，從擔任廣東省團委書記就開始收錢，他的典型事例是喜歡出入私人會所。

內蒙古自治區前常務副主席潘逸陽，34歲就任廣東省團委書記，官居正廳，曾是廣東政壇的「未來之星」。潘交際能力很強，在共青團時就愛結交「各方朋友」，並將之應用到日後的仕途生涯中，為了升官、發財，他給別人送錢，給企業提供便利。

南寧前市委書記余遠輝在任共青團廣西自治區書記時，被稱為「奇葩」，他「眼睛只往上看，對他升官無益的人，他都不正眼看一下」。

文章稱，還有的團系官員搞「團團伙伙」。河北省委常委、組織部長梁濱，曾在山西團組織工作16年，擅長「迎來送往、搞人際關係」。白雲等多名山西貪官，都是團系官員出身，與梁濱有過較長時間的工作交集。

「宗教首虎」張樂斌，曾與令計劃在團中央共同工作8年，關係頗為密切。張後來轉任中共國家宗教局，據說就是令的推薦。

文章稱，許多團系官員很年輕就走上「領導崗位」，甚至被「火箭式提拔」；有些團系官員投機其中，將此作為從政捷徑。文章最後稱，隨著改革團組織體制機制，日後，團委書記幹到60歲退休，團的副書記一半沒有行政級別，完全是有可能的。

## 團系人馬暗中紛紛投靠江派

值得注意的是，被陸媒盤點的這些官員多數已被曝光投靠江派。

港媒《前哨》雜誌 2014 年 8 月刊發邵先智的文章。指出江澤民在位時，對深圳所屬的廣東地區一直是十分看重。先後空降的親信李長春和張德江，組建了江派「廣東幫」，萬慶良就是當中的重要代表。萬於 2014 年 6 月 27 日落馬，成為習近平陣營搶奪廣東地盤的首個落馬高官。

曾任職江西的原中共內蒙古自治區常委、常務副主席潘逸陽，被認為是江派前常委吳官正的親信。海外媒體曾報導，據潘逸陽交代，經由他自己和蘇榮輸送給吳官正親屬的利益，不下 500 億元。

河北原省委常委、組織部長梁濱，則被港媒曝其後台涉及江派前常委賈慶林。

除了「宗教首虎」張樂斌與令計劃案有關外，南寧原書記余遠輝也曾向令計劃買官。2015 年 7 月 6 日《財經》雜誌報導，令計劃涉嫌收受中共中央候補委員、廣西南寧原市委書記余遠輝數千萬元賄賂。

9 月 1 日，據稱有中共軍方背景的《環球新聞時訊》雜誌發表文章指，被外界一直指為團派大佬的令計劃，其實和周永康、徐才厚、薄熙來、郭伯雄、蘇榮等大老虎一樣，都依附著一個共同的「老闆」江澤民。

## 劉雲山現為「群團大總管」

據中紀委網站 2 月 4 日通報，中央第二巡視組組長李五四 2 月 2 日向中共團中央反饋巡視結果。通報稱，團中央涉及「機關化、行政化、貴族化、娛樂化」等等問題。

2015 年 7 月，習近平在「中央黨的群團工作會議」上發表講話。這是中共中央歷史上首次「黨的群團工作會議」。據港媒援引京城消息透露，習對共青團非常不滿，批其處於「高位截癱」狀態。

所謂「群團工作」在大陸是指官辦的「群眾組織」。典型的代表就是工會、共青團、婦聯，其他還包括僑聯、科協、作協、紅十字會等。在政治局常委中，現時專責黨務的劉雲山是「群團工作」大總管，而劉雲山是目前在檯面上的江派三常委之一。

2015 年 10 月 9 日，中共黨報發表署名「團中央書記處」的文章，強調共青團的存在面臨危機：「面對新形勢、新任務、新挑戰，共青團如果不積極應對、不改革創新，就不僅是跟不上、不適應的問題，而且可能失去組織存在的價值。」

港媒評論稱，對中共內鬥有了解的人，都聽得懂這段話的弦外之音。說白了就是要聽話，不聽話，就有可能被撤銷。

第二節

# 令計劃家族貪腐醜聞持續熱傳

## 令計劃家族貪腐超 800 億元

據《爭鳴》雜誌 1 月號報導稱，令計劃家族的商業涉及地產、礦業、廣告、城市安防、私募、網路安全、交通等領域，現被查封資產高達 837 億元人民幣，流出境外資金有 45 億美元。

報導稱，去年中共四中全會前夕，令計劃曾交代有 12 個銀行帳號，用化名分屬 5 個不同商業銀行，儲蓄了 820 多萬元人民幣，在天津、無錫、珠海、太原、大連各有一棟別墅。

另據港媒《蘋果日報》報導，令計劃小弟令完成被查後，供出其兄收藏賄賂物品的地點，調查人員一共搜出六卡車黃金、古董、字畫等等。

## 令計劃家族斂財手段多樣

有消息稱，令計劃家族壟斷了整個山西的煤炭行業。令計劃妻子谷麗萍也捲入了前鐵道部長劉志軍的巨大貪污案，谷麗萍從高鐵建設中就賺了 40 億元人民幣。

2012 年 6 月 14 日，《澳洲日報》報導，令計劃的老婆谷麗萍，不僅與薄熙來的老婆同出於一個姓氏，而且，都有相同的愛好：錢。不過谷麗萍顯然技高一籌，她不像薄谷開來通過很多金主那樣明目張膽地在商業領域大撈特撈，而是通過公益社會組織，在這個中國的灰色地帶，不顯山不露水地發家致富。

2003 年 11 月，在丈夫令計劃任中共中央辦公廳主任不久後，谷麗萍創建了公益組織「中國青年創業國際計畫」（YBC），自任副理事長、總幹事。這個公益組織成立當天，各大中外企業就「孝敬」了數億元。

2010 年，谷麗萍又成立了一個全國性非公募基金會「瀛公益基金會」，以方便地使用從各種管道弄來的巨額資金，並進行投資或逃稅，掩蓋權錢交易，更是為了以公益名義搞地皮和房地產。該組織在全中國經營房地產的規模僅在上海一地，就涉及 30 億元以上。這個基金會在短短不到一年的時間，就在北京、武漢、上海、鞍山等地，通過房地產投資大獲其利。

令家曾在日本東京和京都購置兩幢豪宅，由一個名叫「Beansprout Junshinan（潤心庵）Ltd.」的公司持有，註冊人為令計劃的兒子令谷，另一套豪宅屬令計劃胞弟令完成名下。

據知情者透露，買豪宅的所有錢都是通過方正信息公司在上海浦發銀行杭州武林分行轉出的。該帳號原由令計劃之子令谷通

過北大方正集團總裁兼首席執行官李友控制，2012年令谷車禍死後，改由谷麗萍和令完成控制。據查，這個帳號共轉帳370億人民幣，其中100億被洗去了日本三菱與富士銀行令家的帳戶。其他洗去了新加坡的兩家銀行。

另據陸媒報導，自2001年起令完成化名「王誠」，和令家長子令路線之子令狐劍，憑藉家族的裙帶關係，通過龐雜交叉的股權投資，在公關、廣告、私募、城市安防、網路信息安全等板塊構築起結構複雜的財富版圖。2008年，「王誠」開始進入私募圈，成為私募機構匯金立方的董事長，管理超過20億元規模的資金。

令完成的投資，在資本市場就像坐上了火箭，賺錢的速度在令氏家族就像擁有印鈔機一般。

位於北京雍和宮附近的一家傳播機構的實際控制人是化名「王誠」的令完成、令路線遺孀孫淑敏及令狐劍。該公司涉足城市安防，重點項目包括奧運鳥巢、國家博物館和首都機場等地的防盜井蓋。此外，孫淑敏於2008年以1元錢的價格獲得了「中青聯迪」30％的股權，該公司之後承擔很多大型項目的設計和運營等，在政法、軍隊、金融和能源等領域都有業務。

2014年12月29日，大陸財新網發表長文《令氏兄弟》。文章點出令完成的九州在線有限公司與江澤民長子江綿恆的中國網通有商業關係。九州在線成立於2003年7月，註冊資金4.9億元。2003年9月，中國網通集團公司投資令完成擔任總經理的九州在線有限公司，占股40％。之後不久，九州在線更名為天天在線。

## 陸媒曝「令氏豪宅」持有者另有其人

　　1月9日晚7時左右，大陸財新網發表獨家報導《京都「令氏豪宅」持有人亮相》。文章稱，傳聞中北大方正集團CEO李友送給令計劃兒子令谷的兩棟「價值5億美元的京都豪宅」，實際持有人為摩根士丹利香港公司顧問總監張頌義及其妻子梅巧冰。

　　張頌義透露，房子是經一名日本朋友介紹，他們直接購自一位90來歲的日本老先生，「這位老先生和孩子在神戶有公司，他們把房子抵押出去了。在我們買前一兩年，他們要把房子拍賣，底價好像是6億日元左右，最後不到3億日元（按當時匯率約合2400萬元人民幣）買的。」

## 第三節

# 令案甚於周永康案
# 落馬只是中場

中共兩會前夕，令計劃被免去中共政協副主席職務及政協委員資格。習近平、俞正聲罕見地相繼公開點名令計劃案。港媒分析指，令計劃落馬只是令案中場，牽涉規模或甚於周永康案。

### 習近平、俞正聲相繼點名令計劃案

3月3日下午，中共政協會議開幕，政治局常委兼政協主席俞正聲發言，點名令計劃、蘇榮等人，並稱他們的案件是反腐的警示。陸媒稱，這是近20年來政協主席在工作報告中首提「反腐」。

2月28日，中共政協常務委員會通過關於免去令計劃政協副主席職務、撤銷其政協委員資格的決定。2014年12月22日令計劃被查，隨後被免去統戰部長職務。

　　1月13日，中共總書記習近平在中紀委全會上首度公開點名令計劃「嚴重違紀違法」。此前，中共官方通報稱，令計劃「涉嫌嚴重違紀」被調查。

　　習近平、俞正聲相繼公開點名令計劃，突顯令計劃案嚴重性，引外界關注。

## 港媒：令計劃落馬只是令案中場

　　北京政情觀察員白非3月4日在東網發表評論文章稱，令計劃落馬之後的餘震持續震盪不息。北大方正、民生銀行等在中國商界影響巨大的企業相繼陷落，至今案情撲朔迷離。

　　文章稱，對比令案與周案，兩案的處理手段如今已經顯示出不同。對周案而言，在周永康被公布落馬之前，其黨羽已經被剪除殆盡，最後一舉收網。但令案卻不一樣。

　　令計劃落馬之前，令政策、申維辰、陳川平等山西幫也幾乎被一網打盡。但在令計劃落馬之後，案件不僅沒收兵，反而加大排兵布陣。商界大佬一個接一個失蹤、失聯或短期消失；在中共官場，馬建、張昆生、霍克等人接連落馬，王仲田被發配南水北調辦。

　　文章認為，周永康落馬是周案的尾聲，而令計劃落馬卻只是令案的中場，仍然在不斷發酵，其牽涉規模可能更甚於周案。

　　文章分析，令計劃2007年只有51歲，是當時最年輕的中共「黨和國家領導人」，單單就年齡來看，令計劃可以任職到2027年71歲時才退休，有長達4屆20年的時間，且令計劃任中央書記處書記、中央辦公廳主任要職，是中共內廷大總管，外人莫不要仰其鼻息。

　　根據慣例，大多數中辦主任最後都官至正國級。在許多中共官場、商界「投資人」眼中，令計劃是一支不折不扣的超級「績優股」，適合長期重倉持有。依現今的查案進展來看，令黨之中諸如北大方正、民生銀行高管，都是金融、高新科技等領域精英。

　　文章最後稱，惜乎人算不如天算，令計劃重重倒地，推倒了商界一排排多米諾骨牌。

　　相信還會有更多企業牽涉其中，「投資」不僅血本無歸，有的怕是還要賠上全副身家。

　　令計劃落馬前，其家族中已多人被查、落馬。家族貪腐黑幕也不斷被深度曝光。關於令計劃的升遷、統戰部任職、家族政商關係圈和與江澤民集團的關係，也不斷被披露與暗示。

　　此前有港媒報導稱，從查案進展來看，令計劃案的腐敗規模、複雜程度、涉案人員數量等，都已超過薄熙來案。

　　2月16日，財新網報導稱，令計劃被中紀委正式調查，由此牽連諸多和他關係密切的政商界人士。相關案件還在不斷發酵之中。

## 傳馬建後台是曾慶紅 偷拍淫亂視頻交令完成

　　中共官方2015年1月公開宣布前國安部副部長馬建被雙規調查後，馬建所涉罪名一直受到各種猜測。有海外中文媒體爆料稱，對馬建的調查已經取得不少進展，其中一項內容是，發現馬建手下有一個特別行動處，專門監視各種要人，而馬建也正是利用這個特權，手上掌握了大量淫亂視頻。爆料引述消息人士的說法稱，其中部分視頻已由令完成帶到國外。

　　據了解，這個設在北京市區內的特別行動處使用了最先進的

監視技術。不過，消息人士也聲稱，馬健使用的頂尖 PS 技術可以達到以假亂真的效果。觀察人士指出，這是否意味著馬建有蓄意訛詐的企圖，或是通過釋放消息預先消毒，尚不得而知。

2015 年 3 月 25 日，大陸財新網刊發長篇報導《郭文貴圍獵高官記：從結盟到反目》，揭露馬建與郭文貴如何通過政商結盟形成權貴資本的大量內幕。報導還特別提到，馬建與他的金主郭文貴就是通過一盤 60 分鐘的錄像「一劍封喉」，將前北京市副市長劉志華扳倒。

據悉，有知情人士對海外媒體透露，馬建表面上是周永康政法系的人馬，其實真正的後台是曾慶紅。也就是說，馬建被抓不一定是周永康案的收尾，而極可能是針對曾慶紅的開始。

## 傳馬建與令計劃關係密切

馬建被查之初，即有消息指其與方正集團首席執行官李友關係密切。據說李友曾在財務上支援馬建的一名親屬以利潤豐厚的證券業務。此外，還有消息人士向南華早報透露，馬建也和中共中央辦公廳前主任令計劃關係密切。令計劃於去年 12 月被帶走調查，消息人士說，馬建面對的調查也可能與令計劃和其家人有關。

2012 年 3 月，令計劃兒子令谷駕駛法拉利時撞車身亡。有媒體報導稱，事發後有人立即向令計劃通風報訊，使他比公安局更早得到消息，因此出動中央警衛局人馬，搶先封鎖現場，企圖掩蓋事實真相。報導指，這個最先向令計劃通風報訊的人就是馬建，而馬建之所以能夠提前知道消息，是因為他正在郭文貴的盤古大觀等待令谷給他送來藏族美女「嚐鮮」。

## 傳令計劃養 27 情人 5 私生子

在令計劃被控的六宗罪中，除了違反黨紀、受賄、通姦之外，罕見的被控違反政治規矩、獲取核心機密等多項「罪名」。據由內部流出的資料顯示，令計劃還養了 27 名情婦，並有 5 個私生子女。

據中共內部宣講和培訓信息披露，令計劃交代，並經過中紀委調查核實，從 1999 年 10 月升任中辦調研室主任後，令計劃長期外出便服巡視，並以考察為名到高級會所，在非對外開放的賓館大搞性關係。從抄獲的日記中追查到，與其來往的女性有 27 名之眾，而且與 7 名建立了定期同居關係。

自 2003 年 7 月到 2012 年 2 月，他先後給 7 名情婦支付的分手費用由 600 萬到 1200 萬不等（約 97 萬到 194 萬美元），合計共 4200 多萬元（約 680 萬美元）；另外還生了 5 名隨母姓的孩子，這些費用都來自收受的賄賂。報導稱，令計劃搞婚外情有規律，每周兩次，時間選擇在凌晨，以到中央駐地巡視工作為名，清晨 7 點前返回中南海，主持中辦每日例會。

在令計劃六宗罪中包括了「與多名女性通姦，進行權色交易」，這則「傳言」恰恰是此項罪名的最好註解。

有分析人士指出，中共列舉令計劃犯下六項罪名，在被媒體報導的四名中共落馬高官（薄熙來、徐才厚、周永康和令計劃）中，只有令計劃被指嚴重違反中共政治規矩，相對於其他罪名，這則罪名或成中共對令計劃判罰的關鍵。

還有政情人士觀察到，傳言中提到令計劃僅僅付給情人的分手費用就高達 4200 萬元，這或許意味著，其案件所涉及金額將又是一個天文數字。

第四節

# 令計劃刑期
# 牽動中南海政局走向

　　2015 年 6 月 11 日，江派鐵桿周永康被判處無期徒刑。很快大陸股市接連暴跌，網上傳出江澤民和曾慶紅家族惡意做空的消息，習李當局不得不出手救市。

　　外界推測，江澤民集團和習近平陣營在北戴河會議上勢必有一場「權鬥」。就在這個當口上，習近平當局來了一個大動作。

　　北京時間 7 月 20 日夜間，官方通報，中共政治局會議決定給予中共政協前副主席、統戰部前部長令計劃開除黨籍、開除公職處分（雙開），將令計劃「涉嫌犯罪問題及線索」移送司法機關處理。

　　通報列舉了令計劃的七大罪行：「嚴重違反黨紀；利用職務便利為多人謀取利益，本人或通過家人收受巨額賄賂；違紀違法獲取黨和國家大量核心機密；本人及其妻收受他人錢物，為其妻

經營活動謀取利益;與多名女性通姦,進行權色交易;對親屬利用其職務影響力斂財牟利負有重要責任」。調查還提及令計劃其他「涉嫌犯罪線索」。

令計劃於 2014 年 12 月 22 日落馬。2015 年 2 月,令計劃被免去中共政協副主席職務,其中共政協委員資格亦被撤銷。隨之其長期任職的中辦與統戰部被清洗。

令計劃曾經因胡錦濤的「大內總管」身分而受到外界的矚目。令計劃落馬後,媒體逐漸披露,令計劃其實並不是胡錦濤的親信,甚至還和周永康祕密結盟,捲入了江派政變。

令計劃案不但折射出中共官場上的爾虞我詐,高層權鬥的波譎雲詭,還因其案情如電影情節般荒誕離奇,在多個層面打破了中共的慣例和底線,以致在某定程度上牽動著中南海政局的走向。

## 令計劃案被公布的時間點特殊

令計劃案被公布的時間點很特殊,自 1999 年以來,7 月 20 日已經成為中共的一個「敏感日」。

1999 年 7 月 20 日,時任中共黨魁江澤民一意孤行,悍然公開鎮壓法輪功。江澤民妄圖「3 個月消滅法輪功」。但中國大陸及海外法輪功學員堅韌不屈,開始了和平理性的反迫害、講真相歷程。

16 年過去了,法輪功不但沒有被「消滅」,反而弘傳到了140 多個國家和地區。故此,到了每年的 7 月 20 日,江澤民集團都特別緊張,生怕會出什麼「大事」,於是將每年 7 月 20 日視

為「敏感日」中的「敏感日」。

習近平當局在 7 月 20 日這一天公布令計劃案，暗示令計劃參與了江澤民集團迫害法輪功的罪惡，向江澤民集團釋放出明顯的警告信號。

令計劃是在中共 18 大前的 2012 年 9 月 1 日，接替江派杜青林的職務任中共統戰部長的。統戰部、外交部曾長期把持在江派人馬手裡，早在周永康任政法委書記期間，政法系統就對中共財政、軍事和外交形成三位一體的控制，利用外交系統和統戰系統相互配合，派遣大批特務進行海外活動。

令計劃上任後，統戰部加強向海外輸出迫害法輪功政策，在台灣、香港、美國，受統戰部控制的特務組織對法輪功的打壓變本加厲，還製造事端令出國訪問的習近平難堪。

2014 年 7 月 19 日，習近平訪問阿根廷，中共雇用福建同鄉會的打手阻擋法輪功學員的請願活動，並當著世界新聞記者的面毆打法輪功學員，阿根廷警方逮捕了現場組織襲擊法輪功女學員的一名中領館官員。

習近平當局對令計劃的這個做法，和 2015 年 6 月 11 日判處周永康無期徒刑的作法頗為類似。

1999 年 6 月 10 日，江澤民成立了一個連各級黨委都要唯命是從的機構，這個組織是江澤民專門為鎮壓信仰「真、善、忍」的法輪功修煉者而成立的，叫「610 辦公室」。

「610」是一個類似納粹蓋世太保或者中央文革小組的恐怖組織，凌駕於公檢法之上，從中央到地方都有其分支機構，由無法無天的政法委掌管。

不過 16 年後，在 6 月 10 日的第二天，全世界民眾通過螢

幕看到了周永康滿頭白髮出庭接受宣判，並當庭表示認罪、悔罪的畫面。周永康曾經是中共政法委書記，號稱「維穩沙皇」，是「610」機構的「頭目」，竟然落至這種下場，對江澤民和「610」人員而言，都不能不說是一種莫大的諷刺。

## 習當局藉令案延燒江澤民和曾慶紅

2012 年 3 月 18 日凌晨 4 時左右，令計劃 23 歲的兒子令谷駕駛法拉利跑車出車禍身亡。

據港媒報導，法拉利車禍後，令計劃調動中央警衛局封鎖現場。就處理車禍問題，時任政法委書記周永康和令計劃見了面。

當時周永康表示，全面封鎖車禍消息，願以支援令計劃進入常委作為回報，周永康對令計劃提出的四點要求為：確保中央不再追究他，停止中紀委已經開始的調查，確保與薄熙來與薄谷開來謀殺案完全「切割」；只對薄熙來的一些腐敗行為進行指控；同時，以海伍德是英國人而英國沒有死刑為由，免除薄谷開來的死刑；對王立軍則僅指控其「叛國罪」，以確保不會牽出周永康的腐敗。

2014 年 5 月，流亡海外的作家袁紅冰所著《台灣生死書》也以小說的手法講述了法拉利車禍後周永康與令計劃結盟的細節。

據該書介紹，2012 年 3 月 14 日，薄熙來被逮捕，令周永康徬徨無計。在知曉令計劃之子「3‧18」法拉利車禍醜聞後，周永康就想與令計劃結盟，以度過危機。於是，周永康邀令計劃至中共中央政法委大樓密室會晤。

周永康首先讓令計劃翻閱其建立的祕密檔案。檔案中，令計劃家族成員依靠令計劃的勢力，在山西壟斷煤礦、濫權貪瀆、賣官鬻爵斂財、暗開賭場暴富，等等惡行惡狀，事無巨細都記錄在冊。周永康藉掌警察權和檢察權的機會，早已完成當代的《百官行述》（中共官員貪腐祕密檔案）。

據稱，令計劃看後就和周永康達成默契：周永康幫助令計劃在當年秋天召開的中共 18 大成為政治局常委；令計劃則幫助周永康同薄熙來切割，全身而退。書中稱：「此後，兩人密切配合、互為表裡。」

令計劃先是在 2012 年「五・一」之前讓中央辦公廳安排對王立軍進行精神病檢查，得出王立軍患有間歇性精神問題的結論，以此為薄熙來開脫。

其後，2012 年 5 月 7 日，令計劃策劃了黨內「海選」18 大政治局常委名單，目的是為了讓自己進入常委。投票結果，令計劃名列第三。而據港媒報導，周永康也想在 18 大後不退，並擔任人大委員長職務。

在令計劃和周永康結盟之前，薄熙來和周永康已經在密謀針對習近平的政變計畫，希望在 18 大上讓薄熙來接手周永康的政法委書記職務。令計劃所為，實質上已經捲入了薄熙來和周永康策劃的政變之中。

但事與願違，據多方報導，周永康的前親信傅政華，向高層舉報了令計劃、周永康，並導致令計劃在 2012 年 9 月 1 日調任統戰部長。令計劃和周永康雙雙遭到調查。最終，2014 年 7 月 29 日，周永康被立案審查；12 月 22 日，令計劃正式落馬。

習近平當局這次公布令計劃案是在 7 月 20 日 22 時 53 分。7

月20日23時28分，中共官媒新華網轉載「光明網」評論文章稱，從周永康、徐才厚、蘇榮到令計劃等「大老虎」被查處表明，反腐敗沒有禁區、特區、盲區，沒有「鐵帽子王」。「不管涉及什麼人，不論權力大小、職位高低，只要觸犯黨紀國法，都要嚴懲不貸。」

7月21日0時29分，新華網發表「新華時評」。評論文章中稱，令計劃案再次警示，「黨內決不允許搞團團伙伙、拉幫結派、利益輸送；決不允許自行其是、陽奉陰違、擅權謀私。」

此前中共官媒曾多次提及沒有「鐵帽子王」。外界認為，官媒所指的「鐵帽子王」，中共黨內只有江澤民和曾慶紅夠格。而令計劃捲入的江派政變恰恰分別是江澤民主導和曾慶紅主謀的。

中共官媒在公布令計劃案的當天再次提及沒有「鐵帽子王」，習近平當局想藉令計劃案延燒江澤民和曾慶紅的意圖顯而易見。

## 胡錦濤撇清與令計劃的關係

令計劃曾長期擔任胡錦濤辦公室主任，被稱為胡的「大內總管」。因身分特殊，令計劃從落馬以來一直備受外界關注。

很多報導披露了令計劃的犯罪與違反中共內部規定的內幕。據報，當年中共總書記胡錦濤的指令、想法多由令計劃負責傳達和執行，而令計劃很有可能假傳胡錦濤對於人事問題的指令。

據港媒消息，尤其讓胡錦濤不能容忍的是，在許多重大人事及工作安排上，令完全沒有如實彙報，甚至可以說刻意把胡蒙在鼓裡。提拔蔣潔敏即為一例。

報導說，蔣當時迅速投靠了炙手可熱、一手遮天的令計劃，他能夠順利成為中共中央委員，完全是令一手操盤促成。

胡錦濤退下後漸漸認清，今日一切困境，不僅僅是受令之拖累，簡直就是被他蒙在鼓裡出賣。有人傳出胡的感言：「那個人啊（指令計劃），機關算盡太聰明，自作自受吧。」

令計劃被調查後，外界頗為關心胡錦濤的反應。有報導稱，令計劃在四面楚歌中曾向胡錦濤下跪，請求胡錦濤向習近平求情。但胡錦濤過後知悉令計劃的調查結果後大為震驚，表態支持對令計劃的處理。

令計劃被宣布調查後，香港《經濟日報》報導說，調查令計劃獲得了胡錦濤的首肯。

這次令計劃案被公布後，7月22日，中共前人大委員長萬里的遺體於北京火化。包括習近平在內的6名常委及前中共總書記胡錦濤等前往送別。江澤民在外地送了花圈。

now新聞台的評論文章表示，中國研究專家馬鐵穎指，胡錦濤現身送別萬里，當中或包含不同的政治密碼。

馬鐵穎稱，令計劃過去是胡錦濤身邊的重要人物，是次胡錦濤現身萬里葬禮，或是要顯示與令計劃案「劃清界限」。

習近平和胡錦濤同時現身萬里的遺體火化儀式，而江澤民卻只能在外地送花圈，也釋放出在中南海習、江博弈過程中，胡習聯盟依然穩固的政治信號。

## 令完成握「核彈」或引爆中共政壇

中共官媒在7月20日的通報中，稱令計劃「違紀違法獲取

黨和國家大量核心機密」，引起外界的特別關注。

令計劃出事後，他的多名家人先後被調查。2015 年 5 月，曾有海外媒體披露，令計劃被調查前兩月，他的胞弟令完成下落不明，傳其已逃亡海外，並握有涉及中共高層機密的「政治核彈」。

報導稱，當局調查發現，令計劃落馬前有目的盜取中辦機密文件 2700 多份，涉及中共政治、軍事、經濟、文化等方面；相信部分已被令完成帶到美國，成為要脅中南海的籌碼。

7 月 22 日，港媒《蘋果日報》引述海外媒體消息透露，令計劃被拘查後，當局先後派出大批外交、公安和安全人員赴美「拆彈」，與令完成接觸，遊說他回國「配合調查」，而當局承諾對其本人及令計劃的部分問題從輕發落。但當局後來對令計劃宣告重罪，顯示與令完成的談判破裂。

報導還引述北京相關人士的話表示，中共與令計劃集團的鬥爭「已超越政治範疇的搏鬥」，並稱中共高層不會懼怕令完成手中所謂的「政治核彈」，更不會接受令氏的政治要脅。「如果令完成敢用這種方式要脅高層，不但無損北京打虎決心，不會危及習近平、王岐山地位，相反只會加速令計劃和令氏貪腐集團的滅亡」。大有代北京發聲警告令完成之意。

此前，中共官媒數度點名周永康、徐才厚、薄熙來、令計劃等人組成了一張巨大的貪腐網。外界廣泛披露周、徐、薄、令是「新四人幫」，而根子是江澤民。

令完成手中的機密文件，或許涉及眾多中共高官的各種醜聞和把柄，如果令完成公布這些機密文件，很可能對這些中共高官造成巨大的政治殺傷作用，進而衝擊整個中共政權。

## 傳令弟涉股災　公布令案或為「惡鬥」前奏

今年 6 月 15 日以來，滬指不到一個月跌逾 30％，股市市值蒸發近 4 萬億美元，股民損失慘重。多種跡象顯示，江澤民、曾慶紅的勢力參與了這次與習近平當局在股市中的金融戰爭。

7 月 13 日，《蘋果日報》的評論稱，對於今次中國股災，外界有傳聞指涉及中共高層權鬥，甚至把矛頭指向江澤民、曾慶紅，稱他們阻撓習近平繼續打「大老虎」的行動。

7 月 15 日，《蘋果日報》再發〈內地股災同權鬥有關〉的評論。文章稱，有香港議員在「災後」分析股災，一口咬定這次是一場大陸「反貪腐」同「貪腐」派的對決，講得準確一點，是貪腐派向反貪腐的一次反撲。

前香港《文匯報》記者姜維平日前也撰文披露，車峰、郭文貴等少數利益集團以中國股市「超規則」遊戲，對中國普通股民公開搶劫。這些資本巨鱷已提前幾年做局。

海外博聞社披露，除了車峰、郭文貴外，這輪股災令完成也涉其中，有信息顯示，他們利用恆生電子的一套系統進行做空。他們幕後操盤的總部在上海、杭州。本次股災有利益集團利用政策和內線賣空賺取了數萬億。

2014 年 12 月 29 日，大陸媒體「財新網」曾發表《令氏兄弟》長文，披露了令完成的九州在線有限公司（後更名為天天在線），與江綿恆的中國網通有商業關係。另有報導顯示，車峰和曾慶紅兒子走得很近，而郭文貴背後就是曾慶紅。

面對這場來勢凶猛的股災，習近平當局決定救市，並出台了諸多救市措施，甚至派出一名公安部副部長帶隊進入證監會，調

查惡意做空的線索。在這種情況下，滬指從 7 月 9 日開始轉穩，直到 7 月 17 日平穩度過 A 股期指交割日後，這場股災告一段落。

緊接著，中共中央政治局周一（7 月 20 日）會議審議並通過中紀委《關於令計劃嚴重違紀案的審查報告》。令計劃被「雙開」及對令計劃以「涉嫌受賄罪立案偵查並予以逮捕」。中共官方通報中罕見聲稱中紀委、最高檢察院、公安部共同查辦令案。

時事評論員石久天說，這一場「你死我活」的股市惡戰，背後隱現習、江政治博弈。有報導說令完成也涉足股市的惡鬥。而令計劃案在北戴河會議前被拋出，可能是習近平當局要震懾股市背後的勢力。

第五節

# 令計劃竊密詳情 習近平大驚

## 中共祕書系統中的「令計劃現象」

據《前哨》月刊消息，2015 年 10 月底中共 18 屆五中全會結束後，孟建柱到江南某市檢查政法工作「深化改革」落實情況，在一次幹部會議的內部講話中透露令計劃案內幕。據說習近平聽聞相關案情感到極為震驚，而更嚴重的是，這可能並非個例，中共黨內的「令計劃現象」已經令習近平感到疲憊不安。

孟建柱表示，中共建政 60 多年來，「政治生態從來未像現在這樣複雜、這樣難以捉摸。」孟隨即以令計劃為例，稱他身兼中央辦公廳主任的中共要職，背負著中共最高領導人的絕對信任，實際權力可以說是一人之下、萬人之上，可是其行為超乎想像。

孟以令計劃為例氣憤地說，作為黨的中樞機構掌門人、中辦主任，「竟然把大量黨和國家最高機密從檔案中偷盜出來，私自收藏，最後弄到美國去了」，可以肯定「這件事在他大權在握時就幹的」。雖然2012年7月栗戰書空降中辦任常務副主任，但「令仍可以利用交班這一個多月時間，做了不少手腳」。

孟建柱還說，令案的罪證材料讓習近平極為震驚，尤其是其任內偷盜、私藏黨國機密，失勢後又將這些機密弄到美國的墮落行徑。習多次要求黨內祕書系統正視這種「令計劃現象」。中央高層的祕書尚且如此，中下層可想而知。令計劃一案，可以說直接暴露了中共「最惡劣的政治生態」。

消息稱，如何改變這種凶險的政治生態？如何破解這一盤繞中共上下的魔障？這是習近平寢食難安的主因。

據港媒披露，懷疑被令氏竊取並帶到國外的中共黨國機密有四大類，一是總書記和軍委主席辦公及私人電話、網路等；二是中南海地形、保安程序、編制和通訊密碼等；三是中央辦公廳、中央書記處、中央軍委和國務院在突發事件發生、在非正常時期的關係；四是中共中央、中央軍委所掌握啟動非常規武器（即核武器）戰爭的程序等。

早前有外媒報導，調查人員在令計劃家中發現數千份中辦檔案。據稱，令計劃落馬前有目的盜取中辦機密文件2700多份，而且這些中辦文件大部分屬於「祕密」級，部分屬「機密」級，甚至還有「絕密」級，其中涉及中共政治、經濟、軍事、外交和文化等諸多領域。雖然據稱這些文件都是影印本或電子版，但數量之多以及性質之嚴重，已令工作人員大為震驚。

有評論認為：中共當局給令計劃定的罪名中最吸引人注目的

一項，就是「違法獲取黨國大量核心機密」。用「大量」、「核心」這兩個詞，更突出了問題的嚴重性，甚至超過周永康「洩露國家機密」。

## 針對令計劃現象採取的措施

習在幾年前就開始整頓領導身邊人的行為規範。

中辦刊物《祕書工作》雜誌 2014 年第六期刊發《辦公廳工作要做到「五個堅持」》文章，披露習近平對身邊祕書的用人要求。習近平共提及五個堅持，首重絕對忠誠。他說，中辦工作做得怎麼樣，歸根到底要先看這一條，「沒有絕對忠誠是絕對不行的」。習近平並說，對忠誠的考驗越來越直接。

習近平還要求中辦祕書要自覺淨化自己的社交圈、生活圈、朋友圈，做到守口如瓶。

接下來，習近平的最鐵心腹、接替令計劃擔任「中南海總管」的中央辦公廳主任栗戰書，在 2015 年 11 月 5 日談論四種中共官員處理辦法之後，11 月 18 日又就中共官員隊伍建設發表長文，強調要把不合格的人拿下來。這些本應由中央黨校校長或中央組織部部長發表的言論，栗戰書卻「越位」發表了。

2015 年 11 月 18 日，《人民日報》全文刊載栗戰書關於中共如何實現「十三五」目標的黨建文章。文中強調了中共 18 大以來修訂的《幹部選拔任用條例》和《能上能下規定》。文中寫到，《選拔任用條例》重點解決幹部「能上」問題；《能上能下規定》重點解決幹部「能下」問題。這個「能下」問題的代表案例就是令計劃。

在《十三個五年規劃輔導讀本》發行時，栗戰書撰文強調要對四種官員加以嚴厲處理：一是身居領導崗位，但缺乏強烈的事業心、責任心，碌碌無為，貽誤工作的；二是遇到困難和問題，推諉扯皮，敷衍塞責，缺乏擔當的；三是雖沒有嚴重違法「違紀」，但能力和素質很不適應崗位要求的；四是目無法紀，濫用權力，以權謀私的。

栗戰書的這些舉動，都是具體落實習近平關於杜絕「令計劃現象」再次發生而採取的行動。

另據港媒《爭鳴》2015 年 11 月號披露，令計劃犯罪事實已偵辦結束，其「涉嫌極其嚴重違紀」，當屬中共建政以來第一大案例，震動中南海。

報導稱，令下台後，中辦 19 個部門、85 名主管，已撤換了 72 名。和令關係密切的人至少有 55 人被立案審查，其中與令往來密切的情婦有 5 人。

據此前外媒透露，習近平訪美前曾派孟建柱先去白宮「打前站」，目的有二：一是緊急商討引起美方憤怒的所謂中國駭客問題，二是與美方談判遣返令計劃的胞弟令完成，以及郭文貴；孟承諾如果美方同意遣返，中方願意以上述兩人在美的百億財產悉數贈美，但被美方拒絕。

令家竊密詳情　習近平大驚

# 胡習都不放過
# 令計劃之謎

胡錦濤信任令計劃，然而令計劃效忠的是金錢利益。一場車禍，兒子橫死，令計劃的致命把柄被周永康抓住，爲保住權勢利益，不惜背叛胡錦濤，而與昔日的死敵周永康結盟，深度介入推翻習近平的政變中，並在習江鬥的核心問題上充當急先鋒。

令計劃貪腐上百億，深度介入推翻習近平的政變中，還竊聽最高領導的電話長達三年之久，偷盜了 2700 多份機密文件。（新紀元合成圖）

第一節

# 逃過死罪
# 令計劃被掩蓋的猖狂

## 令計劃被判無期 法庭上一句話被刪

　　2016年7月4日，天津市第一中級法院對中共政協前副主席、統戰部前部長、前中央辦公廳主任令計劃「受賄、非法獲取國家祕密、濫用職權案」進行一審宣判，令被判無期徒刑，並處沒收個人全部財產。

　　法庭上人們看到那張昔日的娃娃臉，雖然頭髮花白，但60歲的人依舊眼神銳利、精神不錯，此前傳聞令計劃在被調查時又喊又叫、不斷哭喊父母的名字等精神失常的舉動，很可能是裝的。

　　官方報導稱，鑒於令計劃案的犯罪事實、證據涉及國家祕密，該案進行了不公開開庭審理。令計劃受賄共計折合人民幣7708萬元；在擔任中央統戰部部長、全國政協副主席期間，非法獲取

大量國家祕密材料;濫用職權,為特定關係人提供幫助,致使公共財產、國家和人民利益遭受重大損失。

庭審的最後,當審判長念完「無期徒刑」的判決結果後,令計劃的最後陳述是:「面對今天的開庭審判,我接受全部指控,服從判決。對剛才審判長宣讀的法院判決結果,我不上訴。我再一次向組織,向辦案機關負荊請罪。藉此機會,我對法院今天的依法庭審和人文關懷表示感謝。」雖然這段話不長,但他卻多次低頭,好像是在讀稿子。

儘管央視報導了這段對話,但新華社的通告卻刪除了「負荊請罪」這個成語。因為「負荊請罪」的大將廉頗並沒有犯法,他只是對「完璧歸趙」有功的藺相如不服氣。在得知藺相如為了國家利益處處謙讓之後,廉頗也拋棄妒忌心,背上荊條登門請罪,希望求得對方寬容原諒。

作為一個在文字裡打滾大半生的人,特別是在生死攸關的審判中,令計劃的用詞絕不是草率決定的。他用了「刻骨銘心」、「負荊請罪」等詞彙,一定是別有用心。

有港媒分析說,令計劃的這些話語實際上是他早已編好的腳本。對於這一篡黨奪權的政治大案,卻只能通過貪腐案來定性,從這方面來說,令計劃的內心恐怕是一萬個不服:因為在中共黨內比他腐敗的比比皆是,如巴拿馬文件中披露的一些富可敵國的中共豪門權貴,幾乎個個都還逍遙法外。

不過也有相反的分析認為,令計劃深知自己罪該萬死,按中共法律,貪腐超過 3000 萬就可判死刑了,而自己貪腐上百億,並且深度介入推翻習近平的政變中,還竊聽最高領導的電話長達三年之久,偷盜了 2700 多份機密文件,這些都是要判死罪的,

如今能保得人身,他當然是滿心歡喜了。從庭審時令計劃的表情來看,他是服氣的,甚至很慶幸的。

## 栗戰書力推令死刑 習諮詢胡錦濤

據中南海知情者透露,令計劃案在 6 月中旬就已全部審理結束,但到底如何量刑,這讓習近平左右為難,甚至大傷腦筋。據說處罰有 A、B 兩套計畫;A 計畫是「斬草除根」,B 計畫則是「獄中度餘生」。

贊成 A 計畫的主要是太子黨。他們認為,小小的中辦主任,居然敢瞞著最高層,在 18 大前搞出一個模擬選舉,要把自己塞進政治局常委,而且長期竊聽最高層的電話,甚至在兩個對立的派系之間來回遊走,就像蝙蝠一樣,兩頭撈取好處,這樣的奸詐之人不除,難平心頭之恨。

其中態度最堅決的就是接替令計劃擔任習近平中辦主任的栗戰書。栗戰書亦屬太子黨,官方介紹他的四祖父栗再溫,曾任山東副省長,死於「文革」。栗戰書之所以促習幹掉令的態度最堅決,因為他最清楚令計劃幹了哪些惡事,不嚴懲,難以肅清流毒。

栗戰書取代令計劃後,把令計劃扶持上來的眾多親信嘍囉一概撤換,在中辦 85 名主管中,至少 72 人被撤換,55 人被立案偵查。這個力度和廣度,可見令計劃危害之深,甚至中央警衛局還有人為了令計劃去行刺習近平,光從護主這個角度看,栗戰書都覺得應該判令計劃死刑,以便殺雞儆猴。

不過習近平最後沒有採納栗戰書的建議。有消息稱,習近平聽取了核心智囊們的建議,並且當面徵求了胡錦濤的意見,最終

對令案作出批示。

## 罪該判死 3500 億貪腐

宣判之前很多觀察人士分析，令計劃會成為習近平當局反腐浪潮中第一個被直接判死刑的人，因為無論從哪方面看，他都實在是罪大惡極，即使只是從官方起訴的被大大壓縮後的三個罪名來看，「受賄、非法獲取國家祕密、濫用職權案」，令計劃也罪該判死。

比如受賄罪，法庭只就樓忠福、崔曉玉等幾個證人的受賄金額就超過了判處死刑的 3000 萬人民幣，而 12 年來真正給令計劃這個「中南海大內管家」送禮的，上千人都不止。有消息說，令計劃家族的財富超過 3500 億。

從洩密罪來看，令計劃盜取了 2700 多份中共機密文件，部分已被其弟令完成攜帶到美國、並洩漏給美方，包括核武器啟動程式和密碼信息、中南海內部的情形，中共在全球金融戰略的內幕操作等，如中共在全球金融市場滲透到何種程度，包括個人及網路的滲透等。其危害性遠遠超過 1985 年中共國安部負責人之一俞強聲的出逃美國，是絕對應該判死的重罪。

當然，令計劃更大的罪行是參與了江澤民集團的政變，無論是自己主動的還是被動脅迫的，客觀上令計劃在習江鬥的核心問題：法輪功問題上，成了江派在失去薄熙來周永康之後、迫害法輪功的急先鋒。

港臺暢銷書《令計劃與習近平的兩次較量》獨家分析了令計劃落馬過程中被雙開、被起訴的日子，都牽扯到法輪功最敏感的

兩個日子：一億人被無端受迫害的 7 月 20 日和法輪大法洪傳全世界的 5 月 13 日，這是習當局在暗示，令計劃是參與迫害法輪功的關鍵人物。

令習的第一次交鋒是在 2012 年 5 月的陳光誠事件上。飽受周永康 7 年非法監禁的盲人律師陳光誠，逃進美國使館後，提出要見溫家寶，並提出三點要求，呼籲嚴懲周永康。據知情人透露，習近平當時希望胡錦濤能讓溫家寶處理陳光誠案，但由於令計劃插手，這個案子最後落到周永康手中，周永康擔任陳光誠事件的組長，副組長就是令計劃。這一次交鋒，令計劃占了上風，周永康也因此暫時逃過一劫。

第二次交鋒是在 2012 年 8 月北戴河會議期間。習近平希望嚴懲薄熙來、周永康，以免留下後患，但令計劃慫恿胡錦濤放過或輕判薄周。當時的習近平面臨很大壓力，與其把危險「擊鼓傳花」留到習執政後再爆發，不如在胡任上就處理。於是，習近平提出兩個強硬條件，達不到目的，他就不當中共總書記。第二次交鋒，習近平勝了，於是 2012 年 9 月 1 日，令計劃被胡錦濤突然貶到了統戰部。

## 西山會的大幫主 18 大後不收手

不過即使到了統戰部，令計劃與習近平的破壞還在持續中。令計劃多次讓出訪的習近平難堪，並竭力在海外打壓法輪功，甚至兩次派陳光標藉天安門自焚案的謊言到紐約攻擊法輪功，可以說，令計劃對善良百姓犯下的最大罪過就是積極迫害法輪功。

還有內部消息說，江澤民一手發動對修煉真善忍的普通民眾

的鎮壓，假如沒有令計劃在中辦主任位置上的積極參與，光憑新建的「610辦公室」是很難成事的。就是因為令計劃等團派的加入，讓江派血債幫的邪惡勢力更加猖狂。

比如2006年9月19日，在錦州搞器官移植「研究」的王立軍，獲得了「光華創新特別貢獻獎」，頒獎感言中。王立軍洩露他們搞了幾千例器官摘取，光華科技基金會晉陽祕書長等人親臨一線，來到器官受體移植的現場。而資料顯示，這個光華科技基金會就是團中央主管的。

王岐山在調查山西省坍塌式的腐敗之後發現，所有這些山西腐敗官員，都和令計劃家族有著緊密聯繫，可以說，令計劃就是山西腐敗的大源頭、大保護傘。於是，習近平下令對那些搞「團團伙伙」的人動手，令計劃也就應聲落馬。

## 憂令完成美國爆醜 北京輕判令計劃

原本應該判死刑的令計劃，最後卻被輕判為無期徒刑，這與薄熙來、周永康的刑期相同。

很多評論認為，這是因為令完成逃往到了美國，而且掌握了中共高層很多醜聞和祕密，作為讓令完成封口的互換條件，北京投鼠忌器，於是不得不答應讓令計劃保命。

還有分析稱，三年來令計劃不但監聽了所有高層的電話，包括江澤民、曾慶紅的，後來還與周永康走得很近，這讓他掌握了不少江派作惡的罪證細節，如今給令計劃留下活口，這也是為日後審判江澤民、曾慶紅留下了證人。

不過胡錦濤的因素也很關鍵。栗戰書想讓令計劃判死刑，習

近平也覺得令計劃是罪有應得，否則習也就不會去找胡錦濤商量了。不過從胡錦濤的角度看，他當然心中非常痛恨令計劃，但重判了令計劃，對自己一輩子的「清名」沒有任何好處，於是胡提出與周永康的刑期相同。

## 北京與令計劃達成的五項協議

據香港《爭鳴》雜誌 2016 年 8 月號消息，北京當局和令計劃多次交鋒後，就令案最終達成五項承諾和協議。

令計劃給北京當局的五項承諾是：一是對被指控、被證實的犯罪事例不做抗辯、不推卸罪責；二是不把未直接涉及令案的高官帶入案件，使案件複雜化；三是對一審量刑不上訴，今後也不申訴、不翻案；四是承諾、確認沒有向令完成提供、洩漏黨、政、軍機密文件和內部核心材料，若日後發現、查核有此活動行為，定將從嚴追究懲辦；五是承諾會積極配合有關方面，爭取勸導令完成認清形勢，早日返國接受調查。

消息還披露，令計劃在被審查關押和偵查起訴階段，創下落馬中共高官五項紀錄。包括專案組研討次數最多；案件辦理文書最多；令被提審次數最多；入院次數最多，以及會晤的高官最多。

外界關注，這五項承諾中，第四項、第五項涉及令完成。可能的分析是，當局一方面通過輕判及令計劃的承諾封住令完成的口，同時又留了後手，以便在出現不測時可以追究懲辦。

第二節

# 令谷車禍
# 謀殺、車震及 101 輛豪車

令計劃案的第一個疑團,是其獨子離奇車禍死亡。小圖為令谷駕駛的法拉利車禍現場。(新紀元合成圖)

　　一個原本普通的交通事故,卻因為網路的故意刪除和中宣部欲蓋彌彰的故意封殺而變得奇特,從而引人注目。「令計劃兒子法拉利死亡車禍」牽出謀殺、車震、101 輛豪車等辛辣話題及重重疑雲,更牽出中南海高層詭譎的權謀爭鬥。

　　令計劃案的第一個疑團,是其獨子離奇的車禍死亡。

　　2012 年 3 月 18 日周日凌晨 4 點,北京市海淀區保福寺橋附近,一條因下雪而變得濕滑的環路上發生重大車禍,一輛法拉利名貴跑車嚴重損壞,車上一男兩女,男子當場死亡,兩女重傷送醫。重傷的兩名女子皆為 25 歲、藏族,其中扎西卓瑪為青海省公安廳副廳長的女兒,畢業於中央民族大學;另一位楊吉,為享有名聲的活佛女兒,畢業於中國政法大學,後者燒傷重,曾被救活,但同年 7、8 月間離奇死亡。

## 令谷是否「車震」？誰在炒作？

車禍發生後，《新京報》、《北京晚報》都報導了這則社區新聞，但沒有報導死者身分。不過從照片上看，那輛豪華跑車被撞得幾乎成了一堆廢鐵。法拉利跑車具有很好的抵禦撞擊的能力，能被撞成爛鐵，說明當時的速度非常快，或者發生了其他意外的事情，否則不可能被撞成那樣。

接下來撰寫新聞並拍攝新聞照片的消防人員遭到上級訓斥，相機和電腦被沒收。中宣部下令《北京晚報》不得傳播那張照片。警方、消防部門和幾家當地醫院均拒絕置評。《環球時報》英文版第二天也報導，「幾乎所有關於周日導致一名男子死亡，兩名女子受傷的車禍連夜遭到刪除，引發人們懷疑已死亡的駕車者的身分。」那篇文章也被屏蔽。有關此次撞車事故的標題報導在《環球時報》英文版仍然可見，撰寫報導的記者拒絕置評。

一個原本普通的交通事故，卻因為網路的故意刪除和中宣部欲蓋彌彰的故意封殺而變得奇特，從而引人注目。這好像有人在背後故意炒作。

那時人們不知死者身分，還有謠傳是李長春的私生子。直到車禍近三個月後的 2012 年 6 月 2 日，「六四」敏感日前夕，經常幫助江派散發獨家消息的博訊新聞網引述消息人士稱，車上三人被發現幾近全裸，兩女是北京中央民族大學的學生，送醫後一死一重傷，但死亡男子的身分敏感，是令計劃的兒子。報導不但第一次點出了令計劃的名字，而且提及「車震」這樣一個噁心名詞。

就在博訊獨家爆料之後，《蘋果日報》也接到餵料稱，有人要求北京警方更改令計劃兒子證件上的名字，並支付兩筆每人高

達 6900 萬元臺幣「封口費」，要求二女家屬不得對外張揚，否則家人會逐一失蹤，連屍體都找不到。

一度與薄熙來關係密切的《南華早報》也證實了此事：與時任中央政治局常委周永康關係密切的中石油高官蔣潔敏，將數以千萬元計的金錢從中石油集團匯進兩名受傷女子的家屬銀行戶口，讓其封口。這 3000 多萬人民幣的封口費，一下把人們的興趣度提升了很多。

人們也開始思考，為何 3 月 15 日剛發生薄熙來被免事件，兩天後就發生令計劃的獨生兒子被車禍撞死？而第三天的 3 月 19 日，又發生了「北京槍戰」，據說是周永康與溫家寶的人馬因爭奪關鍵證人徐明而發生槍戰。

當時網上很多消息說，令計劃是推倒薄熙來的主要推手。令計劃說服胡錦濤，與中紀委書記賀國強聯手，上演了一場導致王立軍與薄熙來為了自保、互相揭發，以便自己逃脫反腐調查的「離間計」，由於薄熙來被胡錦濤、溫家寶拿下，為了報復，薄熙來的後臺周永康、曾慶紅下令用車禍殘殺了令計劃的獨子。此前周永康為了和小三賈曉燁結婚，用車禍害死了自己的原配王淑華。

關於令計劃的兒子令谷（1988 年至 2012 年 3 月 18 日），其名字「谷」取自母親谷麗萍的姓。當時 23 歲的令谷，北京大學國際關係學院畢業後，正在北大教育學院讀研究生。令谷曾組建類似美國耶魯大學「骷髏會」的北京大學「戰略及國際研究委員會」，不過同學們對他印象一般，他身穿名牌，住在校外，經常遲到缺課。

就在親薄媒體報導令谷裸體而死不久，2012 年 6 月，令谷的社交網路帳戶上還發出了帖子：「謝謝，安好，勿念。」這個帖

子起到了平息傳言的作用，當時車禍已經發生三個月了。有人拿出車禍不久令計劃跟隨胡錦濤出訪時依舊是笑容滿面的照片，證明死者不是令計劃的兒子。

又過了三個月，等到令計劃被貶到統戰部後，2012 年 9 月 3 日《紐約時報》報導，中共官員向該報記者，普利茲獎得主張彥（Ian Denis Johnson）證實，死者是令計劃的兒子，車禍時他們沒穿好衣服（incomplete dress）。英國《每日電訊報》報導，法拉利的型號是 458 spider。有的媒體還把令谷的名字翻譯成令古，德國之聲、臺灣《自由時報》、澳大利亞廣播電臺，還有英國 BBC、《每日郵報》，法國法新社、《費加羅報》《解放報》、《快報》，美國美聯社、《商業周刊》，澳洲的《太陽先驅報》（轉載法新社）、《墨爾本時代報》，加拿大《全國郵報》，《印度教徒報》、阿拉伯半島電視臺、德國之聲、韓國《東亞日報》等媒體都報導了此事。

「令計劃的兒子玩車震死亡」，不光華文媒體大肆渲染，英文媒體也這樣大量報導，這讓業內人士很吃驚：除非有人在故意給西方媒體餵料，一般情況下西方媒體很少願意報導這種緋聞而承擔不必要的風險，因為後來有目擊者發帖說，死者並沒有赤身裸體。

兩年多後的 2014 年 12 月 22 日晚上 8 點，令計劃被宣布接受調查，等到了 2015 年 1 月，原國安副部長、曾慶紅的親信馬建被查時，又有消息傳出：令谷是在接藏族美女供馬建享樂時發生車禍，當時三人都衣冠整齊，沒有性醜聞發生，而且那輛車是由河南商人郭文貴贈送的。

不過從時間來看，假如馬建要嘗鮮，也應該在傍晚五六點就

去請美女，怎麼會熬到凌晨 4 點才去請呢？

## 派兵車震事小 令計劃想掩蓋巨貪

人們不禁要問，到底是否發生車震？是否法拉利跑車被人動了手腳？是否車禍現場被人改動？這是人們在審判令計劃時最關心的問題之一。不過法庭公告中沒有提到此事，相反，卻提到令谷曾經「向魏新等人索取財物，事後知情未予退還，收受、索取魏新等人給予的財物共計價值人民幣 643 萬餘元」的情節。

此前報導曾指，令谷駕駛的法拉利即來自北大方正李友和魏新的「饋贈」，也有消息說，令谷死於車禍的法拉利跑車，就是前太原市委書記陳川平送給令家的賄賂。

令谷到底收了誰的賄賂呢？郭文貴的，還是魏新的，還是陳川平的？《前哨》雜誌 2012 年 9 月報導稱，據說車禍發生後，首先是市交管部門被「相關部門」打招呼禁止跟進，接著網上閃電刪盡相關網文。時任北京市長的郭金龍，敏銳地發現了詭異，於是報告給其「幫主」江澤民和曾慶紅，幫主下令徹查。

查出結果令人非常震驚：24 歲的令公子擁有各款名車 101 部，其中肇事後變為廢鐵的法拉利，價值 560 萬元，屬其「收藏品」中的「中價車」。此外林寶堅尼、卡迪拉克……絕版的、限量發售的……林林總總，總共價值少說五個億。

郭金龍報告給了其「幫主」，幫主見獵心喜：就以此為突破口，由車主查車位車庫，由車位車庫查所屬物業，由車位物業查業主身分……順藤摸瓜，一查到底，連根拔起深埋土中大蘿蔔。

令公子擁有的 101 輛名車，分別停泊在近 90 處物業車庫車房

裡，物業多為天文數樓價的近郊獨立屋別墅，鬧市高層大廈的豪宅單元也為數不少。而物業業主，全為令氏家族四兄妹（令路線、令政策、令方針，令完成）、令妻谷麗萍親屬，他們本人或為他們所擁有、控制的公司、基金，總體樓價保守估算不少於 50 億。

接著「以樓查樓」。根據令氏、谷氏物業業主姓名，以及其掌控公司的高層要員姓名，追查一干人等與地產商、地產公司的利益關係，說白了即所占股權份額。性質囊括建造業、租賃業、屋業管理，範圍拓闊至全國各省加港澳國際。再然後更上層樓，調查延至令妻全權「奉獻」的幾大慈善基金。

據說初步查出令氏家族涉貪至少人民幣 3500 億元！

等到了 2012 年 6 月下旬，布署中共權力交接的北戴河會議即將來臨，換屆的北京市委會議也召開在即，江派的「超齡書記」劉淇實在「超」不下去了，於是郭市長的「幫主」江澤民、曾慶紅，轟然一聲向眾人拋出上述「炸彈」。

被打了個措手不及，令計劃百口難辯，胡錦濤目瞪口呆！朱鎔基晃著滿頭的白髮，連連驚呼「想不到，真想不到……」朱還痛斥令計劃「無人性」，為了不影響自己 18 大上仕途晉升，令計劃極力隱藏其子之死，包括胡錦濤在內的中共領導層都不知道。兒子死後沒幾天，令計劃就隨同胡錦濤出巡辦事，他一直若無其事，神情輕鬆，甚至談笑風生，毫無喪子之痛，被人們稱作是「用特殊材料做成的黨員」。

## 查出 101 輛豪車 郭金龍意外升官

本來胡錦濤想讓令計劃接北京市委書記這個肥缺，然後作為

跳板入常。江派此時順理成章提出無可辯駁的建議：具備五年北京工作經驗的郭市長，是最適合的書記人選。於是，65 歲的郭金龍「立功受獎」，扔下返鄉行囊，意外地撈了個北京市委書記。

《新紀元》周刊在 2012 年 8 月 16 日第 288 期的焦點新聞中，報導了郭金龍是如何攀附上江澤民的。〈郭金龍借魔窟獻諛 北京大水浮出真相〉文章講述了時任樂山市委書記的郭金龍，1990 年在樂山彌勒大佛石像右後側的山腳下發現一座東漢時期為葬死人而開鑿的古崖墓，墓中擺放了一個雕塑的人像，其模樣酷似剛剛爬上中共權力頂端的江澤民。

為了討好江澤民，郭金龍找人把墓中造像封為「喜生彌勒」，謊稱上天在大佛寺的聖地降下一個證明江澤民是「神仙下世」的祥瑞，於是深得江澤民的歡心，不久郭金龍就扶搖直上，從四川省委副書記，到西藏自治區黨委書記、安徽省委書記，北京市長，以至北京市委書記。

郭金龍作為江澤民的死黨，也是江澤民和中共迫害法輪功的血債幫的一員幹將。尤其在奧運期間，他配合周永康為迫害法輪功學員和北京民眾，犯下了滔天罪行。

關於這場車禍的的調查還有一種說法，即傅政華調查了車禍原因，沒有理會周永康的警告，將實情報告給了中共高層。最後江澤民在 2012 年北戴河會議上藉機發難。

無論哪種說法，最後結論都是殊途同歸：令計劃被貶職。

從現有的資料來看，令谷車禍是人為的謀害，還是自然事故呢？兩種可能性都有。假如是謀殺，周永康讓國安特務在汽車上動手腳，並第一時間在現場把死者的衣服脫光，這是做得到的。據說令谷與那兩位藏族美女剛剛認識，完全有可能這背後有國安

的安排。原本只能坐兩人的法拉利跑車，三人擠在一起，在下雪路滑的拐彎處，在離心力作用下，一個美女壓得令谷方向盤失靈，這是有可能的。

據說令計劃得知消息，立即調動中央警衛局的士兵趕到現場時，等待他們的早已是周永康的武警部隊了。從這點看，周永康事先就盯住了令谷這個令家的寶貝。按照常理，交通消防員第一個趕到，從令谷的車號和手機上，最早得到車禍通知的應該是令谷的家人，而不是周永康。武警能事先到達，只能說明周永康早就插手這事了。

那令谷是否玩了車震呢？從令計劃讓想升官發財的蔣潔敏從中石油小金庫裡拿出數千萬給兩位女子家屬的賠款來看，是有可能的，令家自知理虧才會賠那麼多錢。

而且從車禍發生後媒體的故意曝光情況來看，周永康讓劉雲山配合起來炒作這事，也是在給令計劃施加壓力：「全世界都知道你兒子的醜聞了」，逼令計劃進一步就範。兒子已經死了，車震現場是那麼真實（或被布置得那麼真實），自己的貪腐又被周永康抓到辮子，這時的令計劃哪怕心裡恨死了周永康，表面上仍答應周永康的要求，否則自己不但人財兩空，而且還身敗名裂。

回頭來看令計劃為何要掩蓋兒子的死，一方面可能真的發生了車震醜聞，另一方面是因為令計劃聽聞兒子死亡，情急之下違規擅自調動了中央警衛局的士兵，這犯了中南海大忌。不過這兩方面都不是主要原因，兒子 24 歲了，哪怕品行惡劣，當父親的最多只是管教不嚴；情急之下違規調兵也似可理解，最讓令計劃頭痛的是第三個原因：由令谷上百部豪車查出的令家上千億非法所得，那才是令計劃無法辯解而竭力掩蓋的祕密。

　　因此，巨貪才是令計劃最想隱瞞的。天津法庭為了維護中共的面子，也不想公布令計劃實際貪腐金額，只針對 7700 多萬的受賄金額進行審判。毫無疑問，那只是令家貪腐的九牛一毛。

　　綜上可知，周永康事先就盯住了令谷，令計劃最擔心的是車禍所曝光出來的貪腐問題。

第三節

# 車禍後令計劃背叛胡錦濤
# 含恨與周永康結盟

　　在兒子法拉利車禍之前，幾乎沒人懷疑令計劃對胡錦濤的忠誠，至少胡錦濤沒有懷疑過，否則胡錦濤不會十多年來一直重用他。

　　令計劃 2002 年就擔任中央辦公廳副主任，2007 年後升為主任，享有「大內總管」之稱。任職期間，令計劃經常陪同胡錦濤出訪，但一直非常低調，不過在決策方面，令計劃卻扮演重要角色，以至於北京官場盛行一個說法：「胡家天下令家黨」，下面的人接到令計劃的電話，就等於接到胡錦濤的電話一樣。令計劃還具體安排胡錦濤的日常工作，甚至細緻到安排胡錦濤何時收看《新聞聯播》。

　　港媒 2011 年 3 月 12 日報導了一則新聞，突顯中央辦公廳主任令計劃在中共中央運作中的樞紐角色。

　　2011 年 3 月 11 日下午 3 時 57 分左右，中共最高法院院長

王勝俊正在兩會主席臺上宣讀報告。一名工作人員走上主席臺，將一份文件交給令計劃，再遞到胡、溫手上。胡、溫在主席臺先後批示，而這名工作人員一直半蹲在令計劃旁邊等候。批示後，胡、溫分別向這名工作人員交代了幾句，工作人員再回到令計劃旁邊，令計劃簽名後也叮囑了幾句。

之後，工作人員叫主席臺第二排主管救災的國務院副總理回良玉離場，令計劃也跟著離場。約 10 分鐘後，回良玉返回主席臺座位，同時叫中央軍委副主席郭伯雄離席，此時主管外交的國務委員戴秉國也離席。至 4 點半，郭伯雄、戴秉國先後返回座位，令計劃也返回座位，顯示這宗緊急公務處理完畢，主席臺恢復平靜。

至於這宗「十萬火急公務」到底是什麼，報導最後說「仍是個謎」。但上述動作無疑讓人看清楚令計劃作為「大內總管」在中共中央運作中發揮的作用。

一名在胡錦濤辦公室工作了六年的官員被降職，他發牢騷透露，胡錦濤一直深藏不露，讓人搞不懂怎麼回事。但他明顯感覺到，領導胡辦的是令計劃，「決定中國大小事務的，也是令計劃和令計劃這樣的祕書，而不是總書記本人在統治中國」。故而不少人私下議論說，胡錦濤不是壞人，但他是個庸官。

## 令計劃私自提拔蔣潔敏劉鐵男

2012 年 11 月，胡錦濤全退後痛定思痛，他發現很多事情被令計劃蒙在鼓裡，而且被令計劃出賣了。尤其令胡不能容忍的是，在許多重大人事及工作安排上，令完全沒有如實匯報，甚至是刻意欺騙。提拔蔣潔敏和劉鐵男就是實例。

　　據《前哨》2013 年 12 月報導，劉鐵男在發改委可謂「萬人
憎」，多番專業考試又不合格，但 2006 年突然從司級位上提拔
為副部級的東北辦副主任。一片譁然之中，部領導的理由竟是：
「劉鐵男已經改正了那些缺點」。其後又「帶病」升任正部級能
源局長，一切都是令計劃假胡之名提拔這位山西同鄉。

　　外面知道劉鐵男是江澤民的人，但劉鐵男通過丁書苗張羅的
高官俱樂部——西山會也同時攀上了令計劃。

　　法拉利車禍發生後，令計劃一直瞞天過海，直到 2012 年 8
月事情敗露後才求助胡錦濤。據說 2014 年 7 月底，令計劃去胡
錦濤家拜訪，懇請胡錦濤能出面與習近平溝通求情，他堅稱自己
絕對沒有違法違紀，兄弟間家族裡的一些事，自己並不知詳情。
在中央辦公廳任職那麼多年，工作中難免得罪一些人，黨內有人
想藉此下手妖魔化他。

　　還有胡錦濤身邊人員透露，令計劃痛哭流涕，向胡錦濤保
證說，「如果全國幹部都貪污腐敗，我令計劃也是清官，我每一
天都為總書記忠心耿耿地工作，回家只是換身衣服，哪有時間腐
敗……」但胡對令這番表演沒有表明態度。還有媒體報導令計劃
甚至向胡錦濤下跪求情。不過這些表演都不再能讓胡錦濤相信令
計劃了。

　　有一點奇怪的是，在 2012 年 6 月 2 日全世界都知道令計劃
兒子死於車震，為何胡錦濤不知道呢？不是說胡錦濤的太太天天
在網上看新聞嗎？估計北京高層是知道的，江派在北戴河上公布
的材料，更多的可能是令計劃家族的巨額貪腐證據，這讓北京高
層很震驚於令計劃的偽裝能力。

## 汪東興提攜與 95 年後薄一波支持

2014 年 8 月，海外多家媒體報導，胡錦濤向身邊人士重申，令計劃雖然曾給他當過多年大祕和大總管，但根本就不是他的什麼「自己人」，也不是他親自提拔的什麼團派成員。

於是很多媒體報導說，令計劃是薄熙來家族安排在胡錦濤身邊的釘子，是江澤民安排在胡錦濤身邊的「眼線」，因為令計劃是薄一波提拔上來的。

不過這個說法不準確。《新紀元》在 2015 年 1 月出版了新書《令計劃與習近平的兩次較量》，講述了令計劃靠汪東興起家的故事。

令氏兄弟的父親令狐野，在延安時曾是後來擔任過中共中央副主席的汪東興的上級，擔任晉察冀邊區第一任醫藥局長。從時間順序來看，1975 年就令計劃就任共青團平陸縣委副書記，那時薄一波還在牛棚裡，而當時汪東興因逮捕了四人幫而位列中共中央權力核心第五位。1978 年 12 月到運城地區委員會任職，那時薄一波才剛平反。1979 年令計劃從山西平陸突然調到北京的共青團中央宣傳部辦公室工作，這個飛躍很可能也是汪東興提拔的。

後來令計劃的仕途幾乎是汪東興的翻版。令計劃也當了中央辦公廳主任，也負責管理中央警衛局，而且令計劃下令逮捕薄熙來，也與當年汪東興抓捕四人幫很相似。等華國鋒丟權後，汪東興也失去權勢。按照令計劃的性格，他很快就開始尋找新的靠山。

1995 年 12 月，在團中央工作了十多年的令計劃，調任中共中央辦公廳，並出任調研室三組負責人，這背後到底是誰在推薦，外界不得而知，不過很多媒體說是薄一波的功勞，因為薄一波和

令計劃的父親是老朋友，從而把令計劃定性為「薄家的一個棋子，一個眼線，一個臥底」。然而這也只是假設，不過可能性也很大，中共官場歷來就是靠老鄉來拉幫結派、搞團團伙伙的。

## 偏左的胡錦濤一度喜歡薄熙來

即使令計劃後來得到薄一波的扶持，令計劃與薄熙來的關係也是複雜變化的，不一定是外界簡單歸納的「新四人幫」結盟關係，因為「新四人幫」的說法並不成立，而且薄熙來與令計劃的關係也並非鐵板一塊。

海外媒體報導，薄熙來每次來京，都要經過令計劃安排與胡錦濤密談數小時。六常委到重慶山城朝拜「唱紅打黑」，也都由令計劃一手安排。於是有人推論：薄熙來與令計劃是一夥的。

《新紀元》幾年前報導過，從思想體系來看，薄熙來並不屬於毛左，但他為了升官，就利用民間的毛左思潮大搞唱紅打黑，而胡錦濤、令計劃卻是真心喜歡毛左時代的很多東西，令計劃對薄熙來開設的種種方便之門，可能更多的是為了滿足胡錦濤的心願。

令計劃為薄熙來開方便之門，還有個例證，就是2012年2月8日，王立軍被押進京的第二天，薄熙來按照薄谷開來的建議，下令重慶市政府新聞辦發布消息稱：「據悉，王立軍副市長因長期超負荷工作，精神高度緊張……現正在接受休假式治療。」同時重慶門戶網站「華龍網」上，出現一份王立軍的精神狀況診斷書，由第三軍醫大學附屬醫院開具，稱王「存在嚴重抑鬱狀態和抑鬱重度發作，建議組織干預，對患者實施治療」。

而與此同時，千里之外的北京，軍方 301 醫院裡，由令計劃督陣，正命令精神科醫生對王立軍進行「真人診斷」。其診斷結論是「間歇性精神病」，印證了重慶軍醫大附院千里隔空的「醫療診斷」。《紐約時報》中文網 2013 年 8 月 31 日的報導也證實，令計劃安排的「這次檢查可以被用來為薄熙來開脫」。

「如果王不是在安全部手中，而是在政法委手中，薄谷開來的如意算盤便打響了（開精神病診斷書是谷的建議），王必將在精神病院中經『組織干預』迅速治療至傻至死。」《前哨》的文章說，這種事「相信只有生死與共的同黨才能做得出來」。

不過兩面三刀的人也能做得出來：不排除一種可能性：令計劃一面暗中配合賀國強、利用王立軍案來整肅薄熙來，一面又假裝竭力在幫薄熙來，畢竟薄家老爺子對令計劃有「提攜之恩」。

還有一種可能性，王立軍私自闖入美領館，這令胡錦濤很難堪。假如能證明王立軍是精神病，那北京不就容易給國際社會解釋了嗎？中南海也就有臺階可下了。

為何令計劃要積極參與整肅薄熙來呢？從令計劃的野心來看，當他看清楚了江派的意圖是想把薄熙來扶起來、伺機取代習近平之後，令計劃從自身利益看來，與其驕橫跋扈的薄熙來上臺，還不如老實敦厚的習近平上位，習近平與胡錦濤關係不錯，那自然也會善待自己，於是令計劃有可能會順從胡錦濤、溫家寶的想法，扶持習近平，壓制薄熙來，特別是在溫家寶非常堅決地要推倒薄熙來的大前提下。

也就是說，令計劃與薄熙來不是一夥的，而是競爭對手的關係，因為令計劃也有野心，日後也想當總書記。

## 胡錦濤讓令計劃監控周永康

2014 年 12 月 22 日，令計劃被宣布落馬，大陸財新網隨即發出早已準備好的長篇報導，稱法拉利車禍後，「為掩蓋兒子死因，令計劃與當時的政法系統負責人達成了某種政治約定。但這個約定隨即敗露，令計劃的政治道路由此逆轉。」這是大陸媒體最早針對周永康與令計劃結盟的報導。

財新網沒有披露是何種「政治約定」，但此前港媒報導說，為了隱瞞兒子因車禍涉及的令家醜聞被曝光，時任政法委書記周永康和令計劃商談。當時周永康表示，他可以全面封鎖車禍消息，並支援令計劃進入常委。作為回報，令計劃確保中央不再追究周永康，停止中紀委已經展開的調查，確保周與薄熙來和薄谷開來的謀殺案做完全切割。

袁紅冰在《臺灣生死書》一書中也猜測描述了這個「約定」：法拉利事件發生後，周永康約令計劃密會，首先讓令計劃翻閱一祕密檔案。檔案中，令計劃家族成員仗其之勢，在山西壟斷煤礦，濫權貪瀆，做買官鬻爵之捐客以斂財，暗開賭場以致暴富，等等惡行惡狀，事無鉅細，皆記錄在冊。令計劃閱後，冷汗遍體，目眩神搖。於是，原本是仇家的周永康與令計劃，在權衡各自利益得失後，開始了各自牟利、沆瀣一氣的合作：周永康助令計劃在秋天召開的中共 18 大上進入政治局常委之列；令計劃助周永康同薄熙來切割，全身而退。

以前《新紀元》多次報導過令計劃是推倒薄熙來和周永康的主要具體事項的協調人，令計劃作為胡錦濤的助手，在江胡鬥的博弈中站在胡錦濤這邊。面對周永康的胡作非為，在王立軍出逃

前幾年，胡錦濤就想拿下周永康，令計劃也一直在負責落實此事，與此同時，周永康也把令計劃當成主要對手和政敵而嚴加防範。

據說從 2010 年開始，為滲透周永康控制的政法委，胡錦濤以加強部門間合作力度為由，要求令計劃以書記處書記身分，每月不得少於一次，與政法委正副書記周永康、王樂泉例行聯席會議。

當然在中共官場上，哪怕心裡恨死了對方那個政敵，但表面上大家還是和和氣氣、一副團結的假象。

## 徐崇陽因令周敵對而裸體受刑

周永康與令計劃在車禍前是仇敵，一個例子就是《新紀元》在〈徐崇陽受虐視頻曝光 周永康恐怖大計現形〉（第 316 期 2013/03/07）的報導。武漢富商徐崇陽 2011 年因發表批評薄熙來言論而被周永康下令抓捕，北京法院以「詐騙罪」判處他 19 個月徒刑。在被拘押期間，徐崇陽因否認周永康強制要他承認的罪名，而遭酷刑凌辱，被扒光衣服吊打、被打斷肋骨、打掉牙齒。

而周永康要徐崇陽「屈打成招」、強制承認的三個罪名是：一、接受了胡錦濤的「大內總管」令計劃的密令；二、自己是法輪功學員；三、同時接受了美國情報部門的指令。周永康此舉是要「指證」和「證實」令計劃和美國及法輪功等境內外「敵對勢力」的勾結。

也就是說，在令谷車禍之前，令計劃與周永康是敵對關係，但這並不排斥他倆同時接受某一個行賄者的進貢。在 7 月 4 日的庭審中，法官就給出了幾個例子，比如李春城、白恩培等人，都分別向周永康、令計劃行賄，這也從一個側面說明，胡錦濤早就

派令計劃來制約周永康，一件事想辦成，不光周永康要同意，還得對立的令計劃也同意才行。

## 機關算盡太聰明 18 大後不收手

胡錦濤信任令計劃，哪知令計劃卻因為自己的把柄被周永康抓住，為保前途而與周永康結盟，從而背叛了胡錦濤。外界看到，本來在溫家寶、習近平等人的強烈攻勢下，推倒薄熙來之後，馬上就能順勢拿下周永康，但就在令谷死亡一個多月後的 2012 年 5 月，胡錦濤被令計劃布署的一系列安排所左右，最後決定在京西賓館會議上宣布，軟化處理薄熙來，不追究周永康。

假如習近平沒有那次「背痛」的奮力反擊，也許江派真的贏了，習近平可能早在 2014 年就被江澤民、曾慶紅收編的周永康、薄熙來還有令計劃的政變集團給推翻了。

在令計劃心目中，往上爬是最最重要的，什麼兒女情長，什麼父子情深，什麼忠誠道義，在「唯官主義」的貪婪和瘋狂驅動下，只要能在仕途上前進一步，哪怕當千古罪人，他也在所不惜。而且他自認為很聰明，他自認為與周永康的交易只有他倆知道，儘管周永康信誓旦旦不告訴任何人，但事實上這樣的勾當又能瞞過誰呢？

「沒有永遠的朋友，僅有永遠的利益」，19 世紀英國首相帕麥斯頓的一句話，被當今中共很多高官視為座右銘。在道德淪喪的今天，也許很多政客都奉行這樣一個共同理念：沒有永遠的敵人，也沒有永遠的朋友，有的只是利益的短暫利用與合作。也許令計劃想的是，我家那點貪腐，比起江澤民、曾慶紅、周永康等

人，那是小巫見大巫，一旦我進入政治局，或進入政治局常委之後，我也就高枕無憂了。

《大紀元》評論說，令計劃效忠的是金錢利益，不完全是江派或者胡派，所以腳踩兩船。這也是為什麼江澤民、曾慶紅也打他，胡錦濤也不救他。

據說令計劃瞞著胡錦濤提拔了蔣潔敏、劉鐵男，18大後這兩人都被習近平快速拿下。胡錦濤背後感歎地評價令計劃，說：「劉鐵男、蔣潔敏都完蛋了，都不關我事，不是我要提拔的。那個人啊，機關算盡太聰明，自作自受吧。」

的確，從7月4日的庭審來看，令計劃也是毀在「機關算盡太聰明」。2012年9月1日令計劃被栗戰書取代，從中辦主任位置降到統戰部副部長，假如從那時他就看清習近平不同於胡錦濤，不能再自以為是地背後搞鬼，假如那時他不讓在中辦安插的那些情人和親信偷盜中辦文件，不再「18大後不收手」，憑藉他的特殊位置和胡錦濤的面子，他的牢獄之災也許會減輕很多。

## 第四節

# 令計劃 18 大後不收手
# 沒有新四人幫只有血債幫

包含令計劃等所謂「新四人幫」是江派媒體的提法，目的是把江澤民和曾慶紅與這個倒習政變切割開來。然而這些人只是在具體實施江、曾的計畫。（新紀元合成圖）

「周永康、薄熙來、徐才厚、令計劃」被一些媒體稱為「新四人幫」。不過仔細推敲，這個提法是不成立的，因為這四人只是江澤民集團的一小部分，他們不是獨立的。而江家幫（血債幫），才是企圖發動政變、想把習近平推下臺的主力。

在令計劃案件中，最覺得受傷害的中南海高層，當然是胡錦濤了。網上流傳一個笑話。這個笑話「向常年戰鬥在敵人心臟的胡錦濤致敬」，並列出胡錦濤身邊一大堆落馬的「老虎」。「現在人們終於體會胡錦濤為什麼總是苦著臉。因為他身邊：

「管政法的是壞人：周永康，政法委書記；

管公安的是壞人：李東生，公安部副部長；

帶軍隊的是壞人：徐才厚，軍委副主席；

管政協的是壞人：蘇榮，全國政協副主席；

管國家資產的是壞人：蔣潔敏，國資委主任；

管科學家的是壞人：申維辰，中國科協黨組書記；

管信訪的是壞人：許傑，中共國家信訪局副局長；

副主席、部長、司長、局長以及地方諸侯許多也是壞人；

就連長年給自己寫文件出主意的大內總管也是壞人。

胡主席啊，你這 10 年也太不容易啦！整個一個戰鬥在敵人心臟裡啊！」

說的是笑話，卻是中共官場殘酷的現實，胡錦濤被江派壓制了十多年，其處境就是這麼難堪。假如習近平不能徹底推倒江澤民，習近平的執政之路同樣會淪為這樣悲催的地步。

## 新四人幫不存在 只有江家幫血債幫

不少海外親江媒體在報導令計劃時，總是把「周永康、薄熙來、徐才厚、令計劃」這四人歸為一個關係密切、對外封閉的小團伙，並冠以「新四人幫」的稱謂。不過仔細推敲，這個提法是不成立的，因為這四人只是江澤民集團組成的反對胡錦濤、習近平執政的那個大團伙的一小部分，他們不是獨立的，不是封閉的，相反，是江家幫、或者更具體的血債幫，才是企圖發動政變、想把習近平推下臺的主力。所謂血債幫，是緊密跟隨江澤民積極迫害法輪功，欠下巨大血債的江派人馬。

新四人幫往往是江派媒體的提法，其目的就是把江澤民和曾慶紅與這個倒習政變切割開來，彷彿只是那四個人在反對習近平，江澤民、曾慶紅與此政變無關。

然而事實恰恰相反，這四個人只是按照江澤民、曾慶紅的安

排，在具體實施江派的計畫。江派也不是具體指某些人，而是一個在江澤民推動下形成的一個利益集團，一個體制慣性的體現。

最早寫文章瞄準令計劃的是前女記者高瑜。她可能得到江派放風，在 2012 年 12 月 17 日給德國之聲中文網撰寫了〈令計劃醜聞蓋薄案〉，裡面提到是薄一波把 23 歲的令計劃從山西運城調到了北京共青團中央（這句話是經不起驗證的），也是這篇文章第一次稱令計劃是薄一波的養子。不過，她有一點是說對了，「令計劃的野心遠超薄熙來」。

隨後有關「新四人幫」的提法就出來了。

令計劃的狡猾奸詐的確比薄熙來高很多。比如 2011 年 7 月 6 日，香港亞視播報江澤民死亡的那個鬧劇，據說就是令計劃受命於胡錦濤來放風測試民意的，結果老百姓大放鞭炮慶祝。據說這個消息就是令計劃通過令完成傳到海外的。

當時江澤民得重病了，怎麼也查不出原因，後來器官都開始衰竭了，只能靠儀器維持生命。結果是一個名不見經傳的小醫生給江做了器官移植，最後才算救活過來。

2011 年 7 月時，令計劃還是江派的死對頭，靠離間計才導致了薄熙來給王立軍那致命的一耳光，從而上演了 2012 年 2 月 8 日「打黑英雄」的「逃美記」。

當薄熙來被抓、周永康被查時，江派媒體不斷釋放假消息，稱江澤民如何下令嚴懲周永康，其實真實情況恰恰相反，江派一直拚命保周永康不被查，但由於習近平、王岐山和溫家寶都非常堅決，最後江澤民才只好「斷臂求生」，「棄車保帥」。

江澤民對籌劃這齣倒周戲的令計劃當然是恨之入骨，江派媒體稱，江澤民罵令計劃「沒有人性，就沒有黨性」，那時是 2012

年 8 月的北戴河會議，但習近平一直等到兩年後周永康、徐才厚都被拿下了，眼看令計劃在 18 大之後不收手，反而變本加厲地為習出訪製造事端，當栗戰書發現令計劃銷毀文件、偷盜機密時，習才最後決定拿下令計劃。

## 薄周、令周的兩套封官名單

2014 年網上流傳一個涉薄、周政變 18 人的「封官」名單。這份名單包括：薄熙來、劉雲山、梁光烈、黃奇帆、蔣潔敏、周本順、羅志軍、夏德仁、趙本山、司馬南、孔慶東、吳法天、張宏良、薄瓜瓜（薄熙來之子）、劉樂飛（劉雲山之子）、薄谷開來、徐才厚、徐明。其中大部分人已經落馬被抓，最新被抓的一個是號稱政變後「將出任最高法院院長」的河北省委書記周本順。有報導說習近平是按照這個政變名單抓人。

還有一份被稱為「令計劃名單」的「18 大封官」名單，據稱是令計劃和周永康結盟後一起制定的。其中令計劃的四大心腹都「榜上有名」，如江蘇省委書記羅志軍被令計劃和周永康定為公安部長，江西省委書記強衛也變成中央政法委書記人選等。

無論是由薄熙來與周永康，還是令計劃與周永康商量出來的 18 大封官名單，都可從組織結構上分為三個層面、三支團隊：

親江派的明鏡網曾報導說，這個倒習政變團伙的最核心是「決策團隊」，全是「黨和國家這一級的領導人」。除了時任中央政治局常委周永康、中央政治局委員薄熙來、軍委副主席徐才厚上將之外，還有前中央軍委常務副主席郭伯雄、前中央政治局常委李長春，當然還有前中共總書記江澤民和前國家副主席曾慶紅。

第二團隊是「執行團隊」，主幹是令計劃的鐵桿幹將們組成的「西山會」，曾有人稱其為「令計劃的御林軍與敢死隊」，主要由進入中委和候補中委的山西籍官員組成。

第三團隊，是「支援團隊」，人數眾多。

不過人們可以發現，這裡把倒習的政變執行團隊定義為令計劃和其西山會，顯然不是事實。拚命反對習近平的，是薄熙來、周永康、徐才厚、郭伯雄、蘇榮等江派大將，而明鏡網卻想讓令計劃給江派背黑鍋。

「西山會」的主要成員，如令計劃、令政策、陳川平、申維辰、劉鐵男、金道銘、杜善學、丁書苗等，他們與習近平又沒有深仇大恨，而且他們位卑言輕，哪能擔當得起倒習的具體「重任」？

不難看出，如今海內外流傳的很多有關令計劃的傳聞，不少是被江派有意栽贓、代其受過的。

當然，令計劃本人絕不是個好東西，他的奸詐、他的貪婪、他沒有任何信義可言的處事態度，還有他那拚命往上爬的瘋狂賭徒心理，都把他領向了魔道。

有人說，薄熙來是因為其太強盛的政治野心而自行毀滅，比薄熙來野心更大的可能是令計劃，令計劃的最終目標也是想當中共總書記，他沒有像薄熙來那樣狂妄的吹噓出來，但他付諸實踐，無論組建西山會，還是祕書幫，令計劃被貪慾驅趕著，直至走向萬丈深淵。

第四章 胡鬙都不放過 令計劃之謎

令家竊密詳情　習近平大驚

# 第五章

# 中共軍隊
# 間諜第一案內幕

2014年3月，美國之音《解密時刻》揭示中共少將劉連昆間諜案始末。劉連昆1992年成爲台灣間諜，1999年東窗事發被處死，7年間向台灣提供大量重要情報，被認爲是台海間諜第一案。本文根據美國之音選編，原作者爲莉雅、岳誠、楊晨、杜林、蕭雨、李肅。

化解1996年台海危機的少將劉連昆，1992年成爲臺灣間諜，被認爲是1949年以來台海間諜第一案。（Getty Imges）

第一節

# 「少康一號」與二號

## 96 年台海危機化解的祕密

1996 年 3 月，在台灣即將舉行歷史性的首次總統直接選舉前夕，中共在台灣海峽舉行大規模軍事演習，引發台海危機。

兩岸之間劍拔弩張的局面在 3 月 23 日台灣舉行總統大選日前達到高潮。3 月 8 日到 15 日之間，中共向台灣北端和南端附近的兩個海域發射 4 枚東風—15 型彈道導彈，台灣空軍和導彈部隊進入最高警戒，戰事一觸即發。

不過，這次台海危機最後有驚無險，原因是台灣方面事先得到準確的情報，採取了相應的防範措施。

提供這份情報的人是前中共總後勤部軍械部部長、少將劉連昆。

劉連昆於 1933 年 1 月生於中國黑龍江省齊齊哈爾市；1947

年參加中共軍隊。解放軍後勤學院畢業。1984 年 8 月任中共總後勤部軍械部部長，負責中共軍隊軍事裝備的採購和生產。1988 年 9 月被授予少將軍銜。

## 「六四事件」與台海間諜第一案

1989 年 6 月 4 日，北京發生了舉世震驚的「六四事件」，中共軍隊血腥鎮壓了和平示威的學生和市民。

在「六四」事件期間，劉連昆在言談中表現了對學生的同情和對當局鎮壓的不滿，結果受到上級警告。後來他還發現自己的電話被竊聽。

戒嚴期間，中共 38 軍軍長徐勤先少將因為反對鎮壓學生臨陣抗命遭到拘禁後，曾經託人給劉連昆捎信，請他聲援。但是面對當局的強大壓力，劉連昆並沒有採取任何援助措施。對此，他心中一直感到愧疚。「六四」事件這根導火索已經在劉連昆心中點燃了對當局的不滿之火。

### 台海間諜案的關鍵人物

不過，使劉連昆成為台灣間諜的關鍵人物是另外一位中共高級軍官邵正宗。

邵正宗於 1943 年生於中國遼寧省瀋陽市，1986 年開始擔任中共總後勤部軍械部軍械工廠管理局局長，大校軍銜。

據了解，「六四」事件的發生也讓邵正宗心灰意冷，萌生了離開中國大陸的想法，於是他找到在中國大陸的台商張志鵬。

張志鵬生於 1921 年，原籍中國吉林省。1949 年隨中華民國政府撤退到台灣，後移居香港開辦公司。中國大陸改革開放後，張在上海投資成立南山實業，在珠海、石家莊等地開工廠，包括與中共軍方合資開辦工廠。

張志鵬在香港經商期間曾經暗中協助台灣情報人員在香港的工作。據張志鵬說，台灣國防部軍事情報局局長殷宗文得知他與中共軍方有關係，就請他繼續幫忙，「為黨國多做點事」。

因此，在中共軍隊大校邵正宗請張志鵬幫忙移居海外的時候，張志鵬想到了台灣軍情局。

無獨有偶，台灣軍情局此時恰好也認為，「六四」事件提供了加強對中國大陸情報工作的新契機。1989 年 11 月上任的台灣軍情局局長殷宗文提出了「進入大陸、建立據點」的戰略指導思想。邵正宗的情況可謂與台灣軍情局當時的需求一拍即合。

整個案子的負責人，是台灣國防部情報局的龐大為，他曾用化名王寶元、王樹元、龐家均等。1948 年 10 月生於中國北京的龐大為，1949 年隨家人遷到台灣。1966 年進入中華民國國防部情報局第 15 期幹部訓練班，開始長達 30 餘年的情報生涯。

## 「少康一號」——邵正宗

1990 年初，邵正宗大校得知自己要在 2 月 24 日到 3 月 20 日期間率團訪問歐洲與美國。他打算利用這次出訪的機會，在回程經過香港時「脫隊投奔自由」。張志鵬馬上把這一情況報告給台灣軍情局。

台灣軍情局得知這個信息後，非常重視。

然而，台灣軍情局此時並不希望邵正宗離開中國大陸。軍情局在 1990 年 3 月 20 日上呈給局長殷宗文的機密文件中說，考慮到邵正宗「潛伏敵體」的可利用價值，認為「尚不宜將邵員接台定居，更不能公開接受其投奔自由，惟鑒於其職務之重要性，有助於我對匪戰略情報、科技情報，以及預警情報之彙集，且邵員已允諾爾後協助我策反其所識匪軍中上層幹部，及其在匪各兵工廠安置之親信高級工程師，故經初步研商，由本局派員祕密赴港與邵員晤聯。」

據龐大為說，他們就請了翁衍慶去說服邵先回大陸。

被派往香港的翁衍慶上校是台灣軍情局的得力幹將，後來升任中將副局長。在香港，翁衍慶成功地說服了邵正宗繼續留在中國大陸，並給他布置了「收集預警情報、共軍武器發展、重要戰略情報與文件以及伺機策聯匪軍高幹等任務」。

翁衍慶還拿到了邵正宗攜帶的 12 件情報。這是中共軍隊大校邵正宗為台灣軍情局從事間諜工作的開始，化名宗正邵。雙方約定，台灣軍情局日後會幫助邵正宗離開中國大陸。

龐大為說，邵正宗有自己的規劃，他希望退休以後到海外定居，他們也支持他這個想法。

台灣軍情局把翁衍慶與邵正宗的這次會晤和談話進行了祕密錄音。

1990 年 3 月 24 日，邵正宗從香港返回中國大陸。此後，他陸續向台灣提供了有關中共各大軍區人員調動、軍隊高級將領內部講話、軍事演習以及軍隊布署等重要情報。

由於工作表現突出，邵正宗曾經在 1992 年受到台灣國防部的特別嘉獎，成為台灣軍隊的「莒光楷模」。

根據約定，台灣軍情局比照國軍上校級別，每月發給邵正宗2500 美元的津貼，並且根據提供情報的價值頒發相應的獎金。

1992 年元月，邵正宗年齡屆滿後從中共軍隊退役。他要求台灣軍情局安排他離開中國大陸，到第三國定居。但是台灣軍情局提出一個條件，就是邵正宗要發展一個高階層的接班人。

## 「少康二號」——劉連昆

1992 年 9 月，邵正宗告知台灣軍情局，他願意發展他以前的上級、中共總後勤部軍械部部長劉連昆少將。

10 月底，台灣軍情局將這一情況呈報給台灣軍隊參謀總長劉和謙。這項行動被命名為「少康專案」。邵正宗的代號是「少康一號」；劉連昆的代號將叫做「少康二號」。

軍情局同時決定，軍情局第六處副處長龐大為前往中國大陸與劉連昆會面。為了顯示對劉連昆的尊重，台灣軍情局還特別為龐大為報請少將身分。

龐大為說，去跟劉連昆談合作的事宜，就是爭取他，希望能夠得到他的合作，而事前也不敢說一定成功。因為他們去談判，一個最基本的是對等的關係，他們要尊重對方。局長就說，既然這樣子的話，你就以少將的名義跟他對等，去談判。所以張志鵬介紹的時候，就說龐大為是台灣派來的少將，負責跟劉連昆聯繫的。

台灣升少將都要李登輝批定的，按照任官的程式，都是總統批定的。龐大為雖然不是真的少將，但也是李登輝批的。

## 龐大為與劉連昆的第一次會晤

1992 年 11 月 23 日，龐大為以台商身分從台北搭機抵達香港，隨即與「少康專案」交通員、在香港設有公司的張志鵬取得聯繫，商討進入大陸的行程。

11 月 25 日，龐大為、張志鵬和台灣軍情局另一位交通員文玲搭乘南方航空公司 302 號班機抵達廣州，入住白天鵝賓館。龐大為使用的證件是中國大陸的台胞證。

龐大為說，他很少用他的真名。直到今天，他太太都不叫他的真名。幾十年來，他從來沒用過真名，用的是王樹元的化名。

同日，邵正宗也從南京抵達廣州，住在廣州火車站旁邊的九龍飯店。

當天中午，龐大為、張志鵬、文玲與邵正宗等人會面。這是龐大為與邵正宗唯一的一次見面。他們幾個人在玉堂春餐廳用餐，並且在白天鵝賓館面向珠江的露天茶座等地談話。

當天晚上，他們在南海漁村吃飯之後，邵正宗到花園酒店，通過公用電話與劉連昆聯繫，告訴他台灣軍情局的人已經抵達廣州。

由於乘坐飛機需要向上級請假，劉連昆決定不坐飛機，而是從北京搭乘火車前往廣州。

11 月 27 日凌晨 5 點，劉連昆到達廣州，邵正宗在火車站接上他，前往東方賓館入住，並且與張志鵬和文玲見面。

與此同時，龐大為則前往廣州新華書店和越秀公園對面的蘭園，確認他沒有被跟蹤。

上午 10 點，雙方根據事先約定來到廣州越秀公園。劉連昆等人在前，龐大為在後，沿著林間小道、石階爬到山上。龐大為

與劉連昆正式會晤。

劉連昆對龐大為冒險進入中國大陸感到滿意。

龐大為說，劉連昆那時講，你來大陸，跟他南下會面，所冒的危險是相等的。所以他覺得大家可以平起平坐談問題，因為都冒險了。

劉連昆告訴龐大為，他在採購軍需用品過程中得罪了中共元老彭真的家屬，因而受到打壓。本來已經考慮將他提升成中將，結果也被擱置。高層的各種鬥爭和種種黑幕使他非常失望。他還把自己的軍官證拿給龐大為看。

龐大為向劉連昆談了工作重點、方向以及聯絡方式。

據龐大為說，他們希望知道最重要的是預警情報。預警啊，就是說有什麼軍事行動的時候，他們要提前知道，做好準備。

劉連昆在談話中提到當時的中共中央軍委副主席劉華清，前中共中央軍委副祕書長洪學智和前中共總後勤部部長趙南起等中共高級軍事將領的近況。

最重要的是，劉連昆向台灣提供了 15 件重要情報，其中 12 件是中共中央軍委內部機密文件。

龐大為代表台灣軍情局送給劉連昆兩瓶洋酒和兩萬美元作為見面禮。同時，龐大為告訴劉連昆，台灣軍情局將比照國軍少將的待遇，每月發給劉連昆 3500 美元的薪水，工作獎金另發。

退休以後，台灣軍情局將照顧劉連昆的生活。自此，劉連昆成為第一位在台海兩岸同時擁有少將待遇的軍人，也成為台灣軍情局在中國大陸最高級別的內線，化名「高至明」。

雙方在越秀公園談了大約兩個小時後，於中午 12 點分頭前往東方軒飯店，在那裡吃午餐。下午 2 點 15 分，龐大為和劉連昆、

邵正宗告別，回到白天鵝賓館取行李退房，然後到廣州火車站搭乘廣九線直通車離境。

## 邵正宗試圖離開中國大陸未果

龐大為這次的廣州之行除了策反劉連昆以外還有一個任務，就是與邵正宗商討有關他離開中國大陸事宜。

龐大為在與劉連昆見面之前，已經同邵正宗討論了此問題。龐大為向邵正宗出示了台灣軍情局為他辦好的假證件。

龐大為說，大陸的軍人沒有身分證，都是軍官證。身分證收回去了，他也不能辦護照。

然而，由於台灣軍情局給邵正宗偽造的證件上的中國海關戳章不合格，因此龐大為建議邵正宗從福建坐台灣漁船偷渡到台灣。

龐大為說，他自己偷渡到大陸去接邵正宗，然後兩人再一起出來。邵正宗對這個意見一時沒有接受。龐大為說邵正宗不接受的原因，第一可能是他的水性不太好；第二他出來還帶著女性朋友叫沈麗昌，應該是情人關係，因為他希望把她一起帶出來，所以這個就增加了困難度。

沈麗昌也叫沈麗、沈小麗，是一家軍隊醫院的醫務人員。據說，邵正宗有一次在珠海市出差時因為去醫院看病而結識了沈麗昌。龐大為十分肯定，沈麗昌從來沒有為台灣軍情局工作，劉連昆也從來不知道沈麗昌的存在。

邵正宗拒絕偷渡出境的建議後，希望台灣軍情局做出其他的安排，讓他和沈麗昌離開中國大陸。1993 年 2 月 4 日，他還給龐大為發過傳真，懇求台灣軍情局盡快想出辦法。

## 邵正宗退出情報工作

後來台灣軍情局認為沒有更妥善的辦法協助邵正宗和沈麗昌離開中國大陸，邵正宗也因此停止為台灣軍情局工作。

據龐大為說，那時候邵正宗很灰心，因為台灣軍情局答應他的事沒做到，他就不想做了。對此，張志鵬建議，他們給他一點資本，讓他去做生意好了。

據龐大為在《情報箚記》中透露，當時龐大為建議台灣軍情局出資20萬美元，在深圳或珠海設立公司，交由邵、沈二人經營，以緩和情勢，兼顧工作發展。

但是當時的台灣軍情局副局長楊學晏認為不妥，因此決定發給邵正宗7萬美元的遣散費，並給了沈麗昌一筆補償金。

據龐大為說，是10萬美元。張志鵬說，其中3萬給了沈麗昌。有沒有，他們不知道。

沈麗昌於1997年前後以兒子在西班牙讀書為名，移居西班牙。

對於邵正宗準備離開中國大陸，以及他後來退出台灣軍情局的工作，劉連昆並不知情。

龐大為說，這個事情並沒有讓劉連昆知道。因為知道了以後就好像會對劉連昆產生影響。

因為劉連昆當初沒有想到，你要他參與這個工作，結果你自己走了，到底是怎麼回事？他們會很奇怪。所以這些關係都是很微妙的。

# 第二節

# 劉連昆提供的情報

1996 年台海危機，美國調派「尼米茲號」航空母艦戰鬥群前往台灣海峽地區，對北京進行威懾。（AFP）

## 劉連昆提供的情報

從 1992 年開始，劉連昆向台灣提供了大量機密情報，包括中共軍隊採購軍備的情況、對台「六大戰法」，以及中共接收香港的計畫等。

1992 年 11 月，劉連昆報告，中共首次從俄羅斯購買 40 架蘇 -27 型戰機以及 5 套 C-300 防空導彈。

1993 年 1 月，劉連昆報告，中共以 7 億美元購買 14 架蘇 -30 型戰機。

據龐大為說，有一次他跟劉連昆談一個問題，就是對台工作的問題。中共對台工作，他們想知道江澤民的想法究竟如何。劉連昆說，你去看江澤民對外交人員、外事人員的講話，你去看那

個文件，就可以了解。那個文件是絕對機密的。

1993 年 1 月 13 日，中共領導人江澤民在中共中央軍委擴大會議上提到新時期中共軍隊的戰略方針，但是有關戰略方針的內容在文件中被刪略，因此台灣軍情局指示劉連昆收集這個戰略方針的內容。

1993 年 3 月 5 日，劉連昆以手抄件的形式報告了有關內容，即中共的戰略布署重點已經調整到東南沿海、中印邊境以及南中國海。

台灣軍情局認為這一情報具有重大戰略意義，特別在 5 月 6 日將這一情報作為重大情報通過台灣參謀總長劉和謙報告給當時的台灣總統李登輝。

龐大為認為，這是劉連昆提供的最有價值的戰略情報。龐大為說，事實證明，中印問題到現在還不能解決，還在東南沿海，為了南沙群島也還在爭執。所以這個情報的這個時效性能拉到十年以上的，是好情報。

## 間諜的報酬

金錢是表彰間諜的常用手段，各國間諜機構莫不如此。

據龐大為說，獎金的發放一般是按照文件發布的時間、長短，發布單位的層級，還有發布時間的內容、重要性，比方說，絕密、機密、祕密，有機密性的文件是一定有獎金的。如果當月發放，你就能拿到，這個獎金額度也比較高。

劉連昆提供情報所獲得的獎金，每次少則 40 萬台幣，多則百萬台幣以上。發給劉連昆的情報獎金主要是由少康專案的交通

員張志鵬轉交的。

據龐大為說，劉連昆的獎金一般都折成美金，請張志鵬轉交給他。而他們會告訴他有多少錢。

據估計，台灣給劉連昆發放的工資和獎金總共達到 4 — 5000 萬台幣，其中獎金為 2500 萬台幣，相當於 85 萬美元。劉連昆曾經常常把機密文件帶回家，在夜裡拍照。

一次，他妻子發覺了他的行動，非常驚恐，以自殺相威脅，要劉連昆不要害了自己和家人。台灣軍情局得知此事之後，曾經給劉連昆 10 萬美元，在北京購置了一處房產，作為工作場所。

據龐大為估計，張志鵬也獲得了 1000 多萬台幣的獎金。另外，像劉連昆和邵正宗一樣，張志鵬每個月也從台灣軍情局領取薪水。

## 台軍情局副處長大陸歷險

1994 年 12 月，台灣軍情局為了加強與劉連昆的聯繫，並且通過劉連昆進一步滲透中共軍方高層，擴大情報網絡，便派遣龐大為再次前往中國大陸，祕密會晤劉連昆。

12 月 4 日，龐大為到達香港和張志鵬碰面，研究進入大陸的細節，包括和劉連昆會面的時間、地點、方式、安全符號、聯絡辦法等。

當天下午，龐大為還與在香港的台灣軍情局特工李志豪見面，請他於 5 天後在珠海拱北海關接應，協助將龐大為即將在中國大陸拿到的機密文件從澳門攜帶出境。

12 月 5 日，龐大為以看病和投資為名，從香港坐火車抵達廣

州。到華廈大飯店登記入住以後，下午前往廣州軍區總醫院看病。

此時，龐大為早已知道自己患有血癌。果然，檢查結果證實白血球數量異常。醫院要求龐大為立即住院治療。龐大為則表示第二天再來辦理住院手續，隨後離開醫院。

下午5點，龐大為準備出門，與張志鵬按照事先約定的時間見面。但是在飯店大堂裡，龐大為發現了異常情況。

據龐大為說，他一進去以後就看到有一個人，是一個人單獨站在那兒。這個人好像無所事事，穿紅上衣，牛仔褲，身高1.78米。他就覺得這個人很奇怪啊。龐大為就故意走動，希望從另外一個角度來判斷他，他一走動以後，那個人也走動。

龐大為懷疑自己被跟蹤，於是他要驗證自己的懷疑。

龐大為走動一下以後，快到出口的時候，他就停下來，因為一般跟蹤有原則，在拐彎、出口這些地方啊，跟蹤的人必須要跟上，因為就怕這個環節沒有跟上的話會脫掉。於是他在那個環節就故意停下來，看那個人會不會跟上來，結果那個人就跟上來了。現在開始變成是龐大為注意那個人，而不是那個人注意他了。

這個人的行動加深了龐大為的懷疑，於是龐大為進一步注意這個人。

據龐大為說，他出去以後在等計程車的時候發現，那人跑去跟一個女的說話，龐大為判定是那人叫女的回去報告。

龐大為一面等車一面看那人坐什麼車，結果那人走到對面，找了一個騎摩托車的人，在那邊發動摩托車待命，等龐大為上了計程車，就開始跟蹤龐。

過橋的時候，堵車的時候，龐大為就回頭看，看到那兩個人

跟了上來，而且跟上來卻不走，停在距龐大為兩個車位遠的後面。這是「此地無銀」！龐大為就不敢直接到約好的地方見面了。

本來約白天鵝見面，可龐大為就跑到東方賓館去了，進去後找了一個不容易看到的角落坐下來，隔了三分鐘不到，那兩個人就跑進來了。但是他們沒看見龐大為坐在角落，哎呀叫著跑過去，然後兩個又分開，然後又跑回來會合。龐大為就站起來走出門，他們一看龐大為走出來，知道他沒走掉，又放心了。

龐大為從賓館裡面出來後就開始著急了。

龐大為說，他等了十幾分鐘沒有計程車，好不容易來了一輛，他一想，一看約會的時間已經過了 45 分鐘了，如果他今天沒有辦法跟他們聯絡上，明天可能他們會加大圍捕的力度，所以今天非把這事辦完不可。這樣，龐大為只好叫司機開去白天鵝。

此時，在白天鵝賓館等候多時的劉連昆和張志鵬並不知道龐大為已經被跟蹤。

據龐大為說，計程車一到賓館，摩托車也跟到了賓館，他們第一件事是封鎖另外一個出口，旁邊有一個門。龐大為從正門進來，他們兩個人分開，一個去封鎖這個門，一個在那個門等。這等於給了龐大為機會，就這樣他進去了。一進去就看到張志鵬伸個脖子在那兒等著，龐大為一看到他，就走近他，但不跟他打招呼，只告訴他不要講話，因為他被跟蹤了，大家到廁所講。

龐大為只有 5 分鐘時間，張志鵬說劉先生在上面，要不然先見見他。龐大為想這樣也好，因為自己帶著東西，就上去交給他，就跟他 5 分鐘交涉。

## 龐大為與劉連昆的第二次會晤

龐大為利用這 5 分鐘的機會進入了劉連昆的旅館房間，把台灣軍情局給劉連昆的慰問金和慰問品交給他。龐大為告訴劉連昆，他得了血癌，今天可能是最後一次見面。

龐大為說，他一講完，劉連昆的眼淚就掉下來了。龐大為給劉敬了一個軍禮，後來他們就分開了。如果他不是生這個病，他有更突破的思想。原來龐大為的規劃，甚至他會到北京去開個公司，居間聯絡。

龐大為本來是想到北京的，如果那一次不是被中共發現的話，他可能到北京了。劉連昆說他本來想找龐大為去北京，然後介紹一個升了上將的人給他認識。後來這個人也被審查，審查了一年，因為他是劉連昆的上司。審查一年以後出來還升官，沒有事。

據信，劉連昆所說的這個中共軍隊高級將領就是擔任過中共總裝備部部長、國防部長和中央軍委副主席的曹剛川上將。

遭到跟蹤使龐大為和劉連昆一起去北京會見更高級別軍事將領的計畫未能實現，而且龐大為不得不臨時改變計畫，提前一天於 12 月 6 日清晨離開飯店，搭乘廣九鐵路的直通車返回香港，而不是按原計畫從澳門出關。他原來準備自己攜帶出境的劉連昆提供的情報也交給張志鵬帶出。

不過，就在第二天，龐大為又派張志鵬返回廣州去找劉連昆，原因是當時劉連昆對李登輝的所謂「台獨」行動感到不滿，懷疑自己充當台灣間諜是幫助「台獨」分裂國家，可能是個錯誤，還因此表示要退出情報工作。

當時已經升任為台灣安全局局長的殷宗文曾經特別為此請張

志鵬轉告劉連昆，台灣軍方和情報單位是反對台獨的。

由於主張台灣獨立的民進黨人陳水扁在 1994 年 12 月 3 日的台北市長選舉中高票當選，龐大為還特別請張志鵬向劉連昆解釋台灣當時的省、市長選舉，並表示「雖然民進黨獲勝，但不能只看到負面，應了解這是民主政治發展之必然過程」，希望劉連昆「務必堅定信心和決心，為國家前途開創光明遠景」。

## 雙重間諜的結局

正是由於龐大為這次的行動被跟蹤，他懷疑在香港的台灣軍情局特工李志豪是為中國大陸工作的雙重間諜。

龐大為說，他當時就知道，因為只有一個人知道他住在那個酒店，這個人就是李志豪。

天下事情啊，往往是「成敗皆一人」！龐大為把這件事情攪和了，這是成。但是敗，也暴露了李志豪的身分，相對的。

李志豪是來自大陸的香港人，被台灣吸收為特工。但是他的真實身分是中共國安部門的特工。

據龐大為說，他們不知道他幫中共方面工作。但是有很多證據顯示他是有問題的，只是他們一直在懷著一個問號。

在識破李志豪的雙重間諜身分後，台灣軍情局用計把他誘騙到台灣。李志豪被判處無期徒刑，至今仍然在台灣監獄裡服刑。

儘管由於李志豪提供的情報使龐大為的第二次中國大陸之行沒有完成預期的任務，但是他並不知道龐大為在大陸會面的對象，因此劉連昆得以在後來的幾年裡繼續向台灣提供情報。

## 劉連昆提供的最重要情報

1996 年，中共認為台灣總統直選是「台獨」行為，因而舉行大規模軍事演習，阻嚇台灣。台灣海峽發生繼1954年「九三炮戰」和1958 年金門「八二三炮戰」以來的第三次「台海危機」。

劉連昆在演習開始前 3 個月將演習計畫提供給台灣。這份計畫顯示，整個演習的預算為 40 多億人民幣，一旦 1996 年 3 月台灣總統大選出現「最壞的結果」，演習隨時可以轉變成真正的軍事行動。

據龐大為說，這一次的演習是準戰爭行為，所有部隊全部在福建沿海布署好，那時候他們知道還有準備的英雄巾，因為美軍是用屍袋，裝屍體的塑膠袋。大陸中共軍隊是用白布，準備了很多白布，萬一受傷了或者陣亡了，就用白布包起來。

龐大為在《情報簡記》和《情報作戰話題》這兩本書中說，劉連昆不僅預先報告了這次演習的主要項目，而且說明，這次演習的底線是「實彈射擊、越過海峽中線、動用潛艇、攻占外島」。

據龐大為說，李登輝當時暗中派台灣國安會祕書長丁懋時兩次赴美求救。美國在證實台灣情報的準確性之後，派出兩個航空母艦戰鬥群到台灣海峽，向中共施加壓力。

前美軍太平洋戰區總司令普里赫在接受美國之音採訪時表示，他在 1996 年決定把派駐在菲律賓的「獨立號」航空母艦戰鬥群調派到台灣東部，對北京進行威懾。

當時的美國國防部長佩里覺得這樣還不足以傳達美國的信息，因此決定從波斯灣抽調「尼米茲號」航空母艦戰鬥群前往台灣海峽地區。這是美國首次在該地區同時布署兩個航空母艦戰鬥群。

## 第三節

# 間諜之死

### 交通員張志鵬退出

據龐大為說，根據台灣軍情局掌握的情況，由於美國的介入，北京不得不修正原有的計畫，下達了演習的「三不原則」，即導彈不飛越台灣本島、戰機和軍艦不過海峽中線、不攻占外島。劉連昆提供的最機密、也是最重要的情報就是中共發射的導彈是「空包彈」。這個情報使台灣當局掌握了中共的底線。台灣總統李登輝為了安撫民眾，公開說出了這個祕密。這也是導致交通員張志鵬退出工作的原因之一。

李登輝講出啞彈以後，張志鵬就很氣。張志鵬說，首先，這個事情知道的人不多，曝光後他就有危險問題，所以他提出來不做了；第二，劉連昆暗示他們就想把張換掉。所以他自己提出來

不做了，他們就順水推舟，到此為止。

　　台灣軍情局當時願意讓張志鵬退出的主要原因是認為張志鵬個人操守有問題，已經直接影響到劉連昆的情緒和工作。另外還有一個原因，就是張志鵬當時已經 70 多歲，超過了情報人員任用的年限，而且身體狀況不佳，不宜繼續從事情報工作。

　　1997 年張志鵬退出台灣軍情局工作時，軍情局告訴他，劉連昆也一起退出了工作。但是事實上，劉連昆並沒有退出，只是軍情局瞞著張志鵬，另找台商楊銘中擔任交通員。

## 劉連昆曾想讓兒子移民國外

　　此時，龐大為已經調到加拿大工作，不再負責執行「少康專案」。不過，劉連昆與龐大為建立了知交的個人關係，當時劉連昆希望他的兒子移民加拿大，龐大為答應幫助申請。

　　1999 年 2 月 5 日，即中國傳統新年前夕，劉連昆以化名給龐大為寫信，打聽他兒子移民加拿大的事情。

　　據龐大為說，他幫他申請。一問，軍人不行，劉的兒子還在國防大學受過訓。

## 間諜案告破

　　1999 年 3 月 29 日，劉連昆在北京被逮捕。

　　1999 年 4 月 9 日，仍然不知情的台灣軍情局交通員楊銘中從上海給劉連昆打電話，因而楊在 3 天之後被逮捕。

　　不久之後，逃亡中的邵正宗被逮捕。至此，劉連昆、邵正宗

間諜案被破獲。

沈麗昌在西班牙接到中國國內一個好友的電話，得知劉連昆被逮捕的消息，她即刻通知了人在香港的張志鵬。

中共國安部門為了抓捕張志鵬，曾經以他在石家莊投資的手提箱公司開股東會分發 20 萬美元紅利為名向他發出通知，試圖引誘他到大陸。張志鵬謹慎行事，讓他的女祕書姚嘉珍代理他出席。結果姚嘉珍被逮捕，並以間諜罪被判處無期徒刑。

張志鵬因此被迫返回台灣，並且於 2000 年 12 月狀告前台灣總統李登輝洩密，導致敵後人員遇難，要求台灣當局賠償他一億台幣的損失，原因是劉連昆身分暴露導致他在大陸的所有投資以及在香港購置的住宅都付諸東流。

1949 年中共建政以後，劉連昆是第一個充當敵方間諜的中共軍隊將軍。前台灣軍情局長、國安局長丁渝洲曾經把劉連昆和邵正宗為主角的「少康專案」稱為台灣軍情局的「鎮山之寶」。他們身分被暴露，給台灣情報工作造成了巨大損失。


## 劉連昆身分暴露之謎

對於外界來說，劉、邵是如何暴露的，迄今仍然是個謎。

龐大為在《情報作戰紀實》一書中探究劉連昆事件時認為，其祕密源頭是潛伏在台灣軍情局的中共間諜殷偉俊。

殷偉俊是香港人，通過原台灣國防部特別情報室駐香港的機構進入台灣軍情局，接觸到機密情報，包括劉連昆提供的中共中央軍委文件及各大總部通訊文件，使中共掌握了偵查線索和方向。

劉連昆被大陸查獲的另一原因可能是劉連昆、張志鵬以及後來接替他的楊銘中之間的手機聯絡因為偶然的機會被上海國安部門監聽到。

## 台海間諜第一案結局

劉連昆、邵正宗間諜案被破獲後，據說有 100 多名中共軍隊軍官受到審查，30 餘人被判刑入獄，其中劉連昆的兒子被判刑 15 年。

中共曾經要抓捕已經移居西班牙的沈麗昌，並且吊銷了她的護照。在台灣軍情局的協助下，沈麗昌獲得台灣頒發的中華民國護照。

此時張志鵬已經 92 歲，在策反劉連昆成功之後，台灣軍情局曾經發給他 15 萬美元，作為他日後退出大陸投資的補償金。

劉連昆間諜案事發之後，台灣軍情局雖然沒有同意他提出的賠償一億台幣的要求，但仍然給了他 300 萬台幣，大約為 10 萬美元，補償他為軍情局工作而導致在大陸投資的損失。

台灣軍情局還負責照顧他的晚年，包括每個月發給他 5 萬台幣的生活費和 1 萬台幣津貼，總共約合 2000 美元。

主管劉連昆、邵正宗工作的台灣軍情局副處長龐大為於 2000 年 7 月退伍之後，撰寫了《芝山演義》、《芝山風雲》和《芝山春秋》系列叢書以及《情報作戰紀實》、《情報作戰話題》和《情報作戰參考》等情報作戰書籍。

儘管這些書並沒有公開出版，但是台灣高等法院 2008 年仍然以洩露防務機密罪判處龐大為 18 個月有期徒刑，緩期執行。

在龐緩刑期間的 2010 年，即劉連昆被處決的 10 周年，龐大為在香港出版《情報箚記》一書，以紀念這位被他視為知交的戰友，他因此再次受到起訴。

2012 年 6 月，台灣高等法院認定他違反國家情報工作法、國際機密保護法和犯有洩密罪，故判處他 3 年 6 個月有期徒刑。

2013 年 9 月 9 日，這位身患血癌、曾經先後三次獲得台灣「國軍楷模」嘉獎的前台灣軍情局上校軍官進入監獄服刑。

劉連昆少將和邵正宗大校，經中共軍事法庭祕密審判，被判處死刑，於 1999 年 8 月被處決。

據龐大為了解，劉連昆的妻子由於不滿劉連昆為台灣當間諜，害死自己，連累兒子，因此拒絕認領劉連昆的屍體。

2002 年 8 月，台灣軍情局在為蔣介石時期國民政府情報機構創辦人戴笠設立的總部內設立的戴笠紀念館的忠烈祠安放了劉連昆和邵正宗的牌位，紀念這兩位為台灣情報事業做出重要貢獻的中國大陸將領。

劉連昆間諜案涉案人員多達近 200 人，是中共 1949 年建政以後最大的間諜案。

2011 年 7 月，台灣爆發「國軍半世紀來最高級別的少將共諜案」。台灣陸軍通信電子信息處長羅賢哲少將由於充當中共大陸間諜，被判處無期徒刑。

兩岸諜戰仍在繼續……

令家竊密詳情 習近平大驚

# 第六章

# 中共間諜的頭號目標

2005 年 6 月，前中國駐悉尼總領事館資深外交官陳用林公開表示，中共把法輪功列爲頭號敵人，監控法輪功也就成了中共情報系統的主要任務。他出逃投誠之後認識到，面對中共，只有堅強和堅守良知才是唯一出路。

2005 年 6 月 4 日，陳用林現身悉尼「勿忘六四 告別中共 聲援 200 萬人退黨」集會。（大紀元）

## 第一節

# 悉尼外交官投誠
# 曝光中共間諜

2005 年 6 月，前中國駐悉尼總領事館資深外交官陳用林為自己及家人提出保護簽證申請。陳用林表示，他無法再支持中共鎮壓異己的作風，如遭遣返，他勢必面臨迫害。

《澳大利亞人報》（The Australian）報導，37 歲的陳用林原為中國悉尼總領事館政務領事，他提出的政治庇護申請已遭駁回，目前轉而尋求保護簽證，一旦核可，他與 38 歲的妻子金萍（譯音）與 6 歲的女兒皆可永久居留澳洲。

在悉尼紀念「六四」天安門事件 16 周年集會上公開現身的陳用林說，他們一家人目前躲躲藏藏。他指出，他一周前遞出辭呈後，領事館的保安人員便到處搜查他，「我覺得非常不安全，所以我尋求保護」。

陳用林曾於 1989 年參加北京的民運活動，之後接受「再教

育」，兩年後進入中國的外交單位。他說，他之所以逃亡是因為無法再支持中國政府迫害異己的作為。他指出，他過去四年的工作便是監視政治異端，但他暗中協助他們。他相信，如果他回到中國，將面臨長期監禁，「我一定會遭到迫害，因為在領事館的四年工作上，我幫助了民運與法輪功人士。」

他認為在紀念「六四」集會上，有中國特務正監督他的一舉一動，但他想向世人公開他的困境。他也表示，他深信澳洲政府能公平待他，「在國際公約下，澳洲政府有義務保護我」。

## 千名中國間諜 潛藏澳洲

陳用林公開表示，中共把法輪功列為頭號敵人，監控法輪功也就成了中共情報系統的主要任務。他還爆料說，澳洲約有 1000 名中國間諜活動，這些人曾進行數次綁架行動。

陳用林在一項悼念 1989 年北京天安門廣場血腥鎮壓事件的集會中說，他握有數次綁架事件的證據，足以證明當時有人遭到綁架並被遣送回中國。

他說，有一起綁架案的受害者是一名反中國政府人士的兒子，他在澳洲讀書，受害人的父親 1999 年 11 月持觀光簽證抵達澳洲並試圖延長停留時間以免回國遭受迫害，中國的特工人員將他綁架並將他父親遣送回國。

陳用林說，這位父親其後在中國受到審訊，並被判死刑。但中國媒體報導卻說，他是在 2000 年年初自願回到中國。

《澳大利亞人報》報導說，澳洲政府已設立一個新的反間諜單位，以追蹤外國間諜，特別是中國間諜。該報報導，中國間諜

已超越俄羅斯而成為澳洲最具威脅性的外國間諜。

## 中共間諜網仍在澳洲活動

2005 年 9 月，向澳大利亞尋求政治庇護的原中國悉尼領事館政治事務參贊陳用林表示，中國政府雇用的上千名間諜仍在澳大利亞活動，而負責這些間諜活動的中國官員，也仍然在中國大使館內。

外電報導說，陳用林在接受澳大利亞通訊雜誌訪問的時候表示，上千名專門監視「法輪功」和中國流亡異議人士的間諜，仍在澳大利亞活動。而負責管理這些間諜活動的中國官員，也仍然住在中國在坎培拉的大使館內。

陳用林對該雜誌說，外界很少有人知道這名官員是誰，而陳本人因為工作關係，和這名專門負責特務活動的官員有經常的接觸。

陳用林對記者說，這名官員負責搜集澳大利亞的情報，也負責監視海外的異議團體。

陳用林說：「他是很保密的、獨立行動的，有自己的預算，實際上那個館長也是管不了的，他是直接向國內匯報的。一些比較大的、重要的一些使領館，中共之外的使領館，都有這個中共的情報機構人員，是以外交官的身分進行這些特勤活動。」

陳用林表示，實際上中國負責特務工作的機構很多，大多數和外交部門並沒有直接的聯繫。「中共那個情報系統有很多條，它不會完全由一個人去統領整個澳洲的情報系統，比如它跟安全部不一樣，這個總參是不一樣的，甚至包括公安部的人也有向外

派遣特務的，對外都是向自己的部門進行匯報。它這個還是分的
比較清楚的，它牽連到整個外交嘛，當然外交也應當有像這些做
一些設計情報的事情，通過各種人際關係、交朋友那種方式，他
們相對來說是比較謹慎。」

陳用林分析說，以外交官身分作為掩護，搜集所在國家的政
治經濟和其他情報，是外交工作的常態，各國都有類似的情況。
但他指出，那些和外交部門沒有聯繫的特務和間諜，工作範圍就
廣泛得多。

中國政府在海外監視主要對象是「法輪功」，經常遭受一些
特務的騷擾。澳大利亞悉尼出租車司機、法輪功學員李先生表示，
許多法輪功學員的汽車被毀，家中被盜，可能都和這些特務活動
有關。

李先生說：「我來澳洲很久了，基本上每兩年就回去一次吧。
那 1999 年在中國一打壓法輪功，99 年年底我要回國了，他就不
給我簽證，他們領館怎麼會知道我是煉法輪功呢？肯定就有間諜
在這裡了。

「我們有一些法輪功學員的家裡，門給撬開，其他東西都沒
有拿，就只把那個電話機給拿走了，為什麼就偷一個電話機呢？
就是因為有電話號碼在。這種案子應該有四十多起了，應該是有
各種方式，有的是車庫被入侵，書給偷啊；有的是門被撬開被砸
啦；有的是車子的玻璃給砸了，有的是輪胎被破壞，反正就是方
方面面都有騷擾吧！」

陳用林 2005 年 7 月曾經到美國首都華盛頓，在國會作證，
他表示中國在美國和其他西方國家，也都有類似的特務活動。

令家竊密詳情 習近平大驚

第二節

# 專訪陳用林：
# 由執行迫害到逃離使館

陳用林畢業於北京外交學院，2001 年到中國駐悉尼領事館任職，做負責政治事務的領事。級別為一等祕書。他專門負責監視法輪功團體、民運人士、西藏獨立運動和台灣人士的活動。2005 年 6 月他在接受《大紀元》採訪時，談了他如何由一個專門對付澳洲法輪功的中領館的官員，到最後良知發現，拒絕再做中共鎮壓法輪功的海外工具而逃離中領館。

以下全文除小標題之外，全部是陳用林原話。

## 最初對法輪功一無所知 執行中央政策

我到悉尼總領館工作的時候，實際上我對法輪功理解不多，或者說一無所知，剛開始的時候，我是堅決執行中央關於法輪

功問題的政策，就是取締法輪功，與法輪功進行針鋒相對，堅決鬥爭，當時的舉動現在看起來是比較幼稚，因為通過我經常性的跟法輪功接觸，我的接觸機會就是我需要去監視他們的行為，監視他們在悉尼的活動，然後向國內報告，所以我跟他們接觸的次數多了以後，我發現這個組織並不像我們政權內部說得那樣可怕。

## 中共取締法輪功的原因是因人數眾多

中共政權取締法輪功，從一開始時取締，然後是共產黨員不能修煉，接著就是政府官員都不能修煉法輪功，它是擔心法輪功的發展超出它的控制範圍。法輪功發展規模最大的時候，據內部消息說，達到 1000 多萬人。中共認為這樣的規模是很可怕的，足可以和共產黨的抗衡一支獨立力量。

## 關於中共提出的 1700 案例

從我現在知道應該是 1700 的例子，這 1700 例子根據我的推斷，大多數是本來就有精神病或者本身就有自殺傾向的這樣狀況的人加入法輪功，但是還應該看到，有好多人由於信仰了法輪功，所以他精神上有了歸宿，這樣他就不去自殺了，比如失戀，家庭破碎，她煉了法輪功有了精神歸宿，所以我的感覺就是，根據（中國）每年 20 多萬人自殺的數字相比，法輪功非常有可能的是挽救了幾十萬人的生命。

## 中共對法輪功的政策是責任到人

中共對法輪功政策其中有一條就是對「違法行為」進行追究，還有對普通法輪功學員進行「團結教育轉化」，從中央到地方，他對「團結轉化工作」都是責任到人，這樣地方官員為了保護自己的官位，或者是升官，他就想方設法不讓自己地區內的法輪功跑到外面去，跑到別的地方去進行一些自由的宗教活動和進行一些探親訪友這些正常的交往，因為這些人（法輪功學員）失去控制，他們（地方官員）覺得是他們的責任，他們就有可能受到中央政府的懲罰，所以他們的官位受到威脅，所以他們把法輪功學員控制起來，所以經常在基層舉辦洗腦班。

## 各地「610」系統成了迫害法輪功的工具

中共在 1999 年 6 月 10 日成立了反對法輪功辦公室，簡稱「610」辦公室，隨後在各個地方省市一級都建立了相應的「610」辦公室。對法輪功問題是一種系統的管理，這套系統就成了迫害法輪功的工具。

法輪功是社會一個特殊的群體，信仰真善忍。「610」辦公室由於主要是用來對付法輪功這樣一個工具，在處理法輪功問題上經常採用不合常規的做法，比如對於法輪功學員拘押、進行強制轉化，洗腦迫害。

## 駐外機構政策 密切監視和破壞法輪功

對海外的法輪功學員，中國政府的做法是，主要是進行監視，密切注意動態，防止由於海外的發展，蔓延到國內去，其中有些「610」辦公室的人認為，中國國內的法輪功學員一直「轉化」不過來，主要是由於海外的法輪功學員不斷的影響國內。實際上我認為這本身就是個信仰問題，是個精神問題，不是說轉化就能夠轉化過來的，你用這種洗腦轉化教育對付基督教、天主教或者國內傳統的佛教徒進行轉化試一試，這是不可能的事。

## 受迫害致死的法輪功學員被定為自殺

法輪功在中國被迫害致死的資料是屬於機密，因迫害而致死的法輪功學員通常被中共定為自殺。這方面的資料一般是保密的，我不可能拿到，他不會說我迫害死多少人，只能說法輪功自己自殺了多少人。

## 再做下去就是違背我的良心

我在悉尼總領館工作的時候，剛開始的時候，對法輪功不怎麼了解，當然是堅決執行中央有關的針鋒相對，主動出擊的政策，在執行政策的時候，對法輪功有不可避免的過激言行。但是後來通過我逐漸和法輪功學員接觸，了解他們及研究法輪功系統的理論，我發現再做下去就是違背我的良心，我就不能再做下去。因為這些法輪功學員，我認為需要幫助而不是迫害。我希望中國政府盡快檢討宗教政策。

第三節

# 投誠官員揭中共恐怖主義群體滅絕罪行

出走的原中共一級警司、610 辦公室人員郝鳳軍。（大記元）

　　2005 年 6 月，中共控制的最為嚴密的兩個部門：駐外使（領）館和「610」（國內）中兩名專司迫害法輪功的官員陳用林和郝鳳軍棄暗投明，並揭露中共用見不得光的方式迫害法輪功的內幕種種。陳用林是中共駐悉尼的一祕，郝鳳軍是天津「610」的警察。

　　從郝鳳軍提供的證據可以看出，幾年來在國內對法輪功的迫害是從上到下、由裡及外，蓄意、系統進行的。另外，陳用林證實說，澳洲有近千名中共間諜。郝鳳軍證實了陳的說法，他說中國有強大的間諜網絡在海外運作。陳同時揭露中共對當地法輪功的政策有 16 字方針，即：「針鋒相對、主動出擊、爭取（澳洲政府）支持、贏得（澳洲公眾）同情」。從他們提供的線索可以證實，中共將國家恐怖主義之手從國內伸向海外，實施群體滅絕犯罪。

## 迫害是從上到下、由裡及外系統進行的

　　郝鳳軍的自述中說，「（1999年）7月份，上級傳達7月18日取締法輪功消息，並通知此消息將在中央電視台播出。後來傳因高層意見不一致而沒有播。7月20日前單位組織層層級級開會，布署、統一思想。會上傳達總書記對法輪功的幾句論述，說取締法輪功不要再等，不要什麼依據，否則亡黨亡國等之類。7月20日，中央取締法輪功的新聞終於播出，單位組織全體人員收看。」這一點可以明確，決定鎮壓前，高層的意見並不一致，但江最後決定鎮壓。這場迫害的發動和指揮者是江澤民，並自上至下的逐級下達。

　　郝還證實說天津市「610」辦公室的建立就是以撲滅法輪功為目的的。郝鳳軍說，之前這個辦公室只有一個任務，就是收集法輪功學員資料、監視迫害法輪功學員，自2004年4月起，中共列舉了14種「邪教」、14種「有害氣功」（其中沒有法輪功），也由「610」辦公室統一管理負責，偵查他們的案件。但是處理最重的、鎮壓比較殘酷的，還是法輪功。郝鳳軍說，別看現在電視報紙上對誣陷法輪功不起勁了，其實中共對法輪功的鎮壓一點沒放鬆，都轉到背地裡去了。

　　陳用林公開表示，過去四年零兩個月，他擔任中國駐悉尼領事館政治參贊，他的主要工作是「執行中國政府的政策，迫害在紐省的法輪功學員，監視他們的活動，包括雇傭人員收集法輪功學員的活動情況。」陳用林的例子很典型，由於中共專制體制的特性，可以做出判斷，中共通過同樣的外交機制將迫害延伸到所有存在中共駐外機構的國家。

## 迫害是蓄意的 並投入大量人力物力

郝鳳軍證實，「2000 年 10 月，由於中共中央為了加強政治穩定，而將各地的公安局政保處（天津市公安局第一處）提格升為二級局（相當於副局級），即現在的國內安全保衛局，將原政保處和「610」辦公室工作合併起來。」「中央和公安部對各地國內安全保衛局調撥的經費非常充足，從而給這些局長政委，尤其是分管『610 辦公室』（國保局反邪處）工作的趙月增副局長經常以辦公的名義索取活動經費，大發了一筆財。」另外，對於國內法輪功學員突破封鎖，閱讀明慧網的所謂「103」專案，被公安部列為部級督辦案件。由此看出，中共在迫害中投入了大量的人力、物力。

郝還透露說，中國有強大的間諜網絡在海外運作。在海外，從迫害的 16 字方針的前兩句「針鋒相對、主動出擊」，可以看出對海外法輪功的迫害是蓄意、主動實施的。從後兩句「爭取（澳洲政府）支持、贏得（澳洲公眾）同情」可以看出，中共意在海外用欺騙性宣傳，從政府到民間孤立、精神隔離法輪功學員。這也從另一方面證實了迫害的群體滅絕性。

## 國家恐怖主義迫害手段

謀殺：6 月 9 日澳新社報導，第三名不願透露姓名的前中共公安人員證實，他親眼看到法輪功學員在他所在的公安局被折磨致死，這位官員通過澳洲坎培拉著名律師克拉瑞（Bernard Collaery）告訴澳大利亞廣播公司晚線欄目（ABC's Lateline program），「他聽到警察局中的毒打聲，趕去干涉，他被告知離開，於是他上樓去。他的良知受到打擊，他又回到樓下，說：『必須停止』。」之後，他看到受酷刑的法輪功學員被折磨致死，「他看到那個裸體男人的頭倒在椅子中，雙腿伸開，很明顯已經死去。他被眼前的一切嚇呆了。……」

酷刑：在國內，中共迫害法輪功的手段往往是通過肉體摧殘達到精神控制的目的。郝鳳軍描述法輪功學員遭受酷刑迫害時說，「我趕到單位，開車和另外一名女民警前往天津市南開分局看守所，當我們二人到達南開分局看守所（天津市南開區二緯路）後，看見法輪功學員孫緹坐在提訊室的凳子上，眼睛被打的成了一條縫，當時審訊她的警察是國保局『610』辦公室二隊的隊長穆瑞利，當時他的手上還拿著一根帶有血跡的螺紋鋼棍（直徑 1.5 公分），審訊桌上擺有一個高壓電棍。」「她轉過身去撩開上衣，我被驚呆了，她的後背幾乎沒有皮膚顏色了，全是黑紫色的並且有兩道長約 20 公分的裂口，鮮血在慢慢的往外滲。」「一個警察用一條半米長的鐵棒打她。當我看到這一幕時，我知道我自己沒法做這份工作。」

7‧20 後，大量上訪法輪功學員被劫持，郝說：「帶到我們所裡的是三個女學員，大約都在四、五十歲的樣子。她們三個人全部由所裡的刑警組去審問，在這十幾天的審訊中，我每到所裡去上班都能聽到慘絕人寰的喊叫聲，……後來我聽刑警組的同事告訴我，他們接到命令要不擇手段讓法輪功學員張嘴說出姓名和家庭住址。」

謊言：郝鳳軍提出的例子很典型，可以判斷幾年來中央電視台等官方媒體採取的是類似的構陷手段。郝證實：2003 年 11 月

5 日，中國中央電視台焦點訪談節目炮製了專題片《「專利」的背後》，片中，法輪功學員、邯鄲鋼鐵公司高級工程師景占義否認了他因修煉法輪功而出現的神奇現象。節目播出後被各地媒體轉載，成為中共打擊法輪功為偽科學的又一偽證。那麼，這個自稱為揭謊的節目又是怎樣出爐的呢？

郝鳳軍說，他是這個節目製作過程中的直接目擊者。2003 年，天津市公安局國保局接到一項特殊任務，由「610」辦公室一隊隊長帶領四、五個警察前往河北省石家莊市辦案，等他們回來時郝鳳軍看見在審訊室裡用手銬吊銬著一位頭髮灰白的老人，後來得知他是叫景占義。之後中央電視台記者來到國保局，據說是來採訪景占義，給國際社會看看他是怎樣悔過的。

那天的採訪是在國保局精心策劃下進行的，當時郝鳳軍就在門外，看到國保局副局長趙月增對景占義說如果按照他們提供的台詞去說可以給他減刑，否則就再加一條叛國罪，判他無期徒刑或祕密槍決。可憐這位老人在他們的淫威下答應了他們的要求，上了電視，否認了因修煉法輪功而出現的人體神奇現象，去無奈的批判法輪功。後來景占義被判刑八年。

洗腦：郝證實，「720」過後是全市公開祕密相結合的調查登記過程。上級要求各派出所對法輪功學員登記造冊、上報（重點收集 425、720、722 的參與者）。並要求練法輪功的學員寫下保證書不再練功，不寫保證書的一律送進街道政府開辦的學習班或者予治安拘留處理。

「2000 年春節，天津市市委市政府為了強化對法輪功學員進行控制，防止其進京上訪。規定由單位、街道、公安局三方成立了洗腦小組，由政府辦『學習班』，把法輪功學員強制集中在一

處洗腦，並且要收取一定的學習費，……」

　　監控：關於「天津事件」，郝鳳軍證實：「當天在天津市教育學院周圍的大樓上都架好了密錄攝像機，把在場的5000多名法輪功學員的形象全都錄了下來。」在6月7日墨爾本的新聞發布中，郝鳳軍在證實前外交官陳用林「在澳洲有1000名中國間諜在活動」的說法時，列舉了李迎被中國間諜監視的例子，他說他看到過有關李迎在澳洲活動的報告。

　　李迎於2003年11月移居澳洲，她說，1999年她被關進中國的勞教營受到酷刑折磨，自此以後，她一直受到間諜監視。「我非常害怕，因為我在澳洲的一舉一動他們（中共當局）都知道，而我所有的家人都還在中國，我非常替他們擔心。」李說。

　　郝說他相信前中共外交官陳用林所說的中共在澳洲有上千人的間諜網絡是真的。郝證實，「我在國內『610辦公室』工作時，每天有很多時間是用在處理從國外發來的報告的。」這些情報有從澳洲、北美、加拿大和其他國家發回的，經過處理後再發送給國家安全局，也有發到公安部的。」郝說他親眼看見間諜滲透到海外法輪功團體內部收集他們會員的情報送回中國的證據，他說「我曾在國家安全局工作，我相信陳所說的真的。」

　　株連：郝證實，「凡是被登記造冊，法輪功學員本人及其親屬都將在升學、就業、子女參軍、分配、社會養老等方面被剝奪了種種權利，苦不堪言。有的單位只要是被定性為法輪功的人都會命令其下崗。」

## 良心喚起勇氣 告別中共 棄暗投明

被迫參與迫害的兩位前任中共官員在了解真相後，內心受到極大觸動。

親眼目睹孫緹母女倆的遭遇後，孫緹受酷刑後的慘狀常常出現在郝鳳軍的夢裡，令他徹夜難眠，更對中國的前途，和作為一個警察的前途充滿絕望。郝鳳軍說，這件事是他思想上的一大轉折，為他後來出走澳洲埋下了伏筆。

隨著《九評》和法輪功真相的深入人心，截至 2016 年 6 月 21 日已有 2 億 4133 萬 4374 人在大紀元網站上聲明三退（退出中共黨、團、退組織），相信不久會有更多被迫參與迫害、本性善良的人士選擇棄暗投明，將中共迫害法輪功的種種證據公諸於眾，讓人們從不同的角度看待這場給人類社會和精神帶來巨大災難的群體滅絕性迫害。

令家竊密詳情　習近平大驚

# 第七章

# 已被曝光的王牌間諜

中共派駐在世界各地的間諜數量驚人，不論是裝扮富商、小老闆、聽差……甚至搞暗殺的，扮演角色各有不同。不過最令外界吃驚的是，當今中共情報部門把高級間諜安插在一個最平和的群體中，因爲那才是他們認定的「頭號敵人」。

化名王旭慶、王文華、王華、王躍進、雪蓮的中共高級特務王耀慶。（明慧網）

第一節

# 明慧網揭露香港特務王耀慶

　　自從 1999 年中共把法輪功當成「頭號敵人」以來，中共特務工作的重心也越來越多的轉到法輪功身上，許多很高級別的專業間諜也被安插混入法輪功學員中。據悉中共在海外法輪功學員中安插了數千名特務，目前他們中的很多人都變成了真正的修煉人，但也還有一些被利慾薰心所迷惑，繼續幹醜惡勾當的人。僅以英國為例，已證實有兩名中共女特務，除了被美國聯邦調查局 FBI 公開曝光的中共特務樊延瑜外，還有位資歷更深，破壞更大的專業間諜王耀慶。

　　2006 年 4 月 16 日，明慧網發表文章，揭露中共滲透法輪功的特務王耀慶。文章全文如下：

　　「王耀慶（又名王文華、王華、王躍進、王旭慶），女，42歲。2003 年 3 月、7 月，香港學員和其他海外學員在明慧網上正

式發表聲明，揭露王耀慶的中共特務身分及破壞行徑。王耀慶在海外沒有了市場，又回到大陸，最近在煙台等地區活動，被當地學員稱名為王躍進。因此再次發表通知，希望大陸各地學員警惕。王耀慶，42 歲，中等個，長髮，膚色中等。有時戴一近視眼鏡，最近染過黃　　，帶一個 13 歲的兒子跟她住在煙台福山區臨時租房內。

王耀慶自稱是香港學員，於 1999 年到 2003 年曾經在大陸、香港、歐洲、新西蘭、泰國等地相當活躍，能說會道，言行激進，很多行為嚴重違背大法。多次以各種名目大量騙取香港及其他地區多名熱心學員的現金，雖有少量傳遞到個別大陸學員手中，但大多不了了之。當有學員意識到受騙，第二天要求收回資金，王則表示錢已用完，無法退還。王耀慶在學員中挑起事端，把師父小範圍的講法錄音，翻錄並散發世界各地，造成極壞影響。法輪功沒有組織，沒有官當，但她自命不凡，將自己放在組織者的位置，手裡拿著兩個手機不停地打，從不注意安全保密問題。

王耀慶在被公安抓捕後的主動配合、坦率供認，令人吃驚。2000 年 3 月，幾位澳洲及香港學員和王耀慶去北京途中被公安逮捕逼供。次日，王耀慶又自告奮勇以『組織者』身分在公安面前做違背大法弟子們個人意願的表態，當時受到大法弟子們的抵制。之後，在被關押期間，唯獨她一個人是被單獨關在一個與任何被關押人員都不接觸的「神祕」地方。王耀慶有個表哥也是中國大陸國安部特工人員，在北京時，她藉口找表哥探聽情況，單獨約會。

在香港失去市場後，其人回到山東，在煙台及其他地區活動，在大法弟子中散布反對明慧網的言論。2005 年夏天，鼓動法理不

明的學員在山東萊蕪辦小弟子明慧學校，導致多名學員被抓，給當地的證實大法工作造成重大損失。其後又在東北等地活動，要、拿大法弟子的錢，生活奢侈。

王耀慶擅長斷章取義大法，會說一番似是而非的話，不但用來掩蓋自己的錯誤，而且鼓動學員做一些激烈的事，干擾對法理解不深的學員，破壞大法。經調查，對於黑龍江哈爾濱大法弟子王永成被迫害致死一案，王耀慶罪責難逃。」

以上是明慧網在 2006 年 4 月的公告，不過由於極具欺騙性，王耀慶在隨後幾年仍然不斷在民運人士和法輪功學員中，標榜自己是法輪功學員。六年後，2012 年 6 月比利時一位法輪功學員湯志敏也發表聲明，再次曝光王耀慶的真實身分是中共特務。

第二節

# 王耀慶犯下的部分罪行

　　2006 年 5 月 16 日，《大紀元》網站報導說，「5 月 10 日，明慧網上再次登出中共高級女特務王耀慶對法輪功搞破壞的部分案例，並公布這個女特務的照片。王耀慶為阻止調查盜取法輪功學員器官黑幕，曾假稱協助高智晟律師調查迫害真相，冒充學員接近山東法輪功學員徐承本，並於 4 月 20 日左右將徐承本祕密綁架，當時徐承本正在調查妻子賀秀玲被毓璜頂醫院盜取器官。據調查，山東省很多勞教所、醫院參與了盜取法輪功學員器官的罪行。

　　據悉，1999 年 10 月王耀慶最早出現在香港。她自稱 1996 年就在山東修煉法輪功，1999 年「7‧20」後曾去天安門被抓等。2001 年期間，王到處騙取學員錢財，想方設法探聽各類情報，如電視插播技術，國內學員的聯繫方式等，許多大陸學員因她的出賣而被抓捕，黑龍江哈爾濱法輪功學員王永成更是由於她的原因，而被迫害致死。

2002 年 3 月香港阻街案中，王耀慶在法庭上說假話，致使法官對其他學員的證詞產生懷疑，從而使一審判決錯誤。法輪功堅持講真相，三年後高等法院最後裁定：法輪功「阻街」罪不成立，並同時判決警方的拘捕不合法。

在香港待不下去後，2002 年 7 月王耀慶到了英國，在法輪功內部挑撥離間，並鼓動新學員放棄工作走極端，要「把全部時間用在法輪功上」，一位在大學工作的學員受其影響離開了大學。

2003 年夏天，明慧網將其特務身分曝光後，王回到山東用假名繼續欺騙法輪功學員。她曾以聯繫到西方記者採訪為名，要求把全省各地從勞教所、監獄闖出來的學員匯集到煙台開會，企圖把這些堅定的學員全部抓起來，幸虧被及時制止。

2005 年 7 月，王在萊蕪市旅遊山莊醉翁仙莊辦起了一個明慧學校，近百名法輪功學員把自己的孩子送到這個交通閉塞，連個電話都沒有的山上作暑期學習。7 月 20 日下午，7、8 輛警車開到明慧學校住址來抓人，幸虧當時孩子們正在外面玩耍，看到警察來了，孩子們就藏在了山上，大孩子領著小孩子，有的差點從懸崖上摔下來，在山上凍了一夜後，最後安全撤離。

但由於書包、作業本還留在了住處，警察按照搜查到的書本上的姓名，開始對孩子家長進行迫害，許多孩子遭到警察的恐嚇和逼供。隨後，泰安的楊科萌在哈工大威海校區學習時被綁架，其父楊明剛、母常麗軍在家中也被綁架。9 月 30 日在萊蕪的法輪功學員亓英俊、陳蓮美夫婦也被非法劫持。他們的女兒，曾參加該明慧學校、當時剛高中畢業的亓鑫，也在 2005 年底被綁架在濟南山東省第一女子勞教所非法勞教。另外萊蕪還有六、七位法輪功學員因此而被迫流離失所。

## 第三節

# 屍體流淚 挑戰所有人的尊嚴

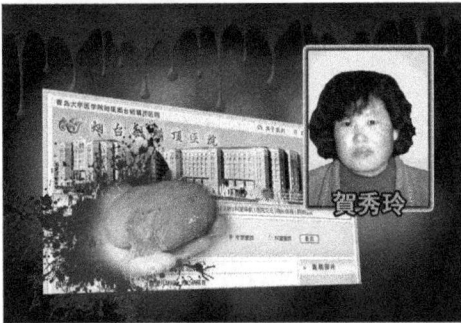

賀秀玲因修煉法輪功遭迫害，還有呼
吸就被送進太平間，家屬發現其腎臟
被盜。（大紀元合成圖）

山東省煙台市法輪功學員賀秀玲因修煉法輪功遭到中共當局迫害被非法關押，並被看守所以「腦膜炎」名義送往醫院，在人還有呼吸情況下就被送進太平間。家屬發現其後腰部纏繞繃帶，腎臟被盜。賀秀玲的丈夫徐承本為妻子鳴不平，提出控告。警方得知後企圖以 10 萬元收買，令其不再上訴。徐承本不從，並在網上曝光妻子被活摘器官後，第二天即被警方抓補。兩年後，徐承本在洗腦班去世時皮膚潰爛，知情者認為他被下藥，慢性中毒而死。

而徐承本遭非法綁架，即與中共高級間諜王耀慶直接相關。

**賀秀玲奄奄一息無人護理**

2004 年 3 月 8 日賀秀玲被看守所送進煙台毓璜頂醫院就醫，

院方稱其患「腦膜炎」。10 日下午 5 點多，賀秀玲的丈夫徐承本接到芝罘區「610」辦公室李文光的電話，詢問賀秀玲的病史，徐回答，賀什麼病也沒有。徐承本當晚 7 點多在醫院六樓腦神經內科 32 病房找到自己的妻子賀秀玲。

當看到眼前景象時，徐承本驚呆了。原本健康的妻子已經變得面目全非，奄奄一息，無法言語，一隻手卻被銬在床頭，手腕處有一層層的血痂和傷疤，但仍然可分辨是舊傷還是新傷。下身則赤裸並無遮蓋，在男男女女進出的病房實屬極大羞辱。當時她身邊不僅無人護理，也沒見任何治療。

徐承本問妻子哪兒不舒服？她用手摸胸口，徐扶她坐起，她喊痛，她的左眼已睜不開。賀秀玲吃力地向丈夫指了指自己的後腰。醫院診斷賀秀玲罹患結核性腦膜炎，徐不明白，為什麼妻子胸口痛，還指後腰。

賀秀玲示意自己很餓，徐承本要求給妻子吃東西，看守削了個蘋果讓賀吃了兩片，隨後即不讓她再吃，並給感冒沖劑。徐承本不明白，一個結核性腦膜炎的病人，醫院怎麼用感冒沖劑當藥方？徐承本要求給妻子餵飯，不被允許，要求陪床照顧，也不允許。並直接將他攆出病房。整個探視過程大約十幾分鐘。

## 沒死被送停屍房　「屍體」會流淚

第二天（3 月 11 日）一早 7 點多，「610」的李文光再打電話通知徐承本趕緊去醫院，當徐承本帶了些衣服到醫院後，李文光說賀秀玲已經死了，死因讓家屬去問醫生，但卻不讓徐承本見自己的妻子，也不讓他幫妻子穿衣服。

上午 10 點多，親屬們匆匆來到醫院停屍房，見到賀秀玲下身赤裸，手腳溫熱，左眼明顯塌陷且略呈紫黑色。

徐承本還發現，妻子的後腰被繃帶纏繞著。而腦膜炎跟後腰傷口一點關係也沒有，為何那裡有傷口需要纏繃帶呢？引起了家屬疑心。賀秀玲的妹妹數年沒有與其相見了，她大聲哭喊：「姐姐妳怎麼這樣了？妳睜開眼看看我，妳這麼多年沒看到我了！」

喊聲未畢，賀秀玲的眼中「嘩」的流下兩行眼淚！接著親屬發現她的臉上出現很多汗珠。原來人還未死！親屬們趕忙到樓上找醫生來搶救。

### 「死者」有心跳 醫生撕心電圖紙奪門而逃

家屬上樓找醫生，請求他們幫忙救人，求了三次，總算有一名男醫生和兩名女護士帶著心電圖儀器姍姍而來。當親屬們看到心電圖上面跳躍的曲線，賀秀玲的妹妹大聲喊道：「看啊，看啊，人還有心跳，你們就給送這兒來了！」

醫生聞言大驚，一把撕下心電圖紙，賀秀玲的親屬上前阻攔，跟醫生搶圖紙，該醫生帶著搶到的心電圖，奪門而逃。

在場的親屬們摸到賀秀玲還有脈搏，央求停屍房的工作人員前來察看。工作人員戴上白手套來摸了一下脈搏，確實有跳動，也感到很驚異說：「從來沒見過這樣的⋯⋯」

### 醫院推託拒救 「610」要殯儀館拉人火化

親屬們在醫院裡四處哀求，卻一直沒有醫生願意搶救。他們

到紅十字會、110、醫療事故科等處奔走求助，均無人肯救治。當親屬們四處去找醫生搶救時，醫院推託表示賀秀玲的主治醫生姓郭，已去濟南出差。下午，親屬們發現一輛殯儀館的車停在停屍房前，正在往上抬人，正是賀秀玲。

殯儀館的人表示，「610」打電話令他們將賀秀玲送去火化。在親屬們的極力攔阻下，一息尚存的賀秀玲才沒被送走。家屬強烈質疑：「610」為什麼如此急於火化還活著的人？！

對賀秀玲後腰的繃帶，醫院解釋是為賀做腰穿刺。親屬帶著病歷走訪幾位專家，專家們都一致認為腦膜炎根本不需要做穿刺，還肯定地說：根據病歷看，肯定不是穿刺。並指出病歷是被修改過的，其中也沒有記錄病危的搶救過程。徐多次到醫院，要求提供賀秀玲的原始病歷都被拒絕。後來山東省檢察院把原始病歷取走。

## 家屬上訴 「610」企圖 10 萬元封口遭拒

3 月 13 日（第三天）當親屬被允許再見賀秀玲時，她的心跳和脈搏已經消失，手腳冰涼，確認已經死亡。為防屍腐，徐承本與看守所人員的張福田簽訂協議，將遺體送到殯儀館冷凍，協議約定家屬可以隨時看望遺體，沒有家屬同意不得火化。

在徐承本強烈要求下，煙台市公檢法進行屍檢，但他們沒有提供鑑定報告的書面文件，只是敷衍的念了一遍鑑定結果，隨即趕走徐承本。家屬認為對方顯然在為芝罘區「610」及看守所推卸責任。

徐承本強烈質疑對方，沒有外傷為什麼要用繃帶纏繞腰部？

徐承本向地方直到最高檢察院上訴，並上網發文請求聯合國立案調查。期間，煙台公安局「610」多次派人當說客，企圖花錢收買徐承本不再上訴。有一次甚至找徐承本的鄰居當說客勸說，「610」答應給付 10 萬元，不行可再加，只要不再上訴就行，但遭到鄰居拒絕。

## 賀從咽喉到小腹被劃一大口又簡單縫上

7 月 8 日，山東省公安廳、山東省檢察院來到煙台重新做屍檢。這一次，仍然是由法醫讀了一遍鑑定報告，稱「610」及看守所沒有責任，徐承本索要鑑定報告仍然遭到拒絕。並且不允許家屬拍攝遺體照。當時現場 10 多人，包括山東省公檢法、煙台市公檢法、市公安局、「610」及在洗腦班負責酷刑逼供的劉國堯等。

賀秀玲的遺體在冰凍期間，不允親屬探望，只在兩次屍檢前讓看了一眼，就被攆出去，更不許碰觸遺體。第一次屍檢前，徐和兒子首次見到了冰棺裡的親人。第二次屍檢前，徐承本和妹妹一同見到遺體，當時賀全身赤裸，從咽喉到小腹被劃開一道大口子又簡單的縫合上，見到慘狀，徐承本當場大口吐血，妹妹不禁痛哭失聲。

## 曝中共活摘罪行 丈夫、妹妹被抓

據知情者稱：賀秀玲以「腦膜炎」入院，實際是作為腎臟的活供體，被摘取了腎臟；而且，從眼部異常來看，也可能同時被

摘取了眼角膜。因為腎臟不是最主要的臟器，被摘取後，賀秀玲並沒有立即死亡，在奄奄一息中痛苦煎熬著。而「610」安排了自以為天衣無縫的計畫：派人以看護為名監視她，不打針、不吃藥，也不給吃喝，等待她衰竭而死；並施用了使其無法說話的藥物，待臨死前與其親屬見一面，給親屬一個「交代」；然後待其心臟停跳，即向親屬通知死訊，迅速火化遺體。這樣一個活摘器官的罪行就被所謂「腦膜炎」病死的假相給掩蓋了。

只是中共「610」沒有想到，賀秀玲在停屍房又有了心跳、脈搏、還流了很多汗，尤其是在親人的呼喚下流下了眼淚，由此揭開了這個慘烈真相的內幕。

2006年春，中共活摘法輪功學員器官的罪惡在海外曝光後，4月4日，「赴中國大陸全面調查法輪功受迫害真相委員會」成立。

4月19日，徐承本在網上發文，認為妻子是被活摘器官致死，並敦請國際人權組織到煙台，對賀秀玲的遺體重新屍檢，查明死因。文章公開發表的第二天，4月20日，徐承本被警方突然抓捕，同時被抓的還有賀秀玲的妹妹。

## 洗腦班遭暗中餵食破壞中樞神經藥物

徐承本和賀秀玲的妹妹隨即被投入「610」私設的監獄——洗腦班。在那裡，他們被20到30個人圍住打罵，被逼迫放棄信仰，目地不僅是阻止其聯繫海外調查團，而且要他們同意火化遺體，但被他們拒絕。

徐承本多日不被允許睡覺，也不給吃飯喝水，他依然堅定信仰。據一位看守者說：「徐五天五宿沒吃、沒睡，還健壯得像頭牛，

幾個人按都按不倒。」洗腦不成,「610」又把徐關進以更加邪惡凶殘而聞名的招遠洗腦班,那裡不僅酷刑手段凶殘,並且暗中讓法輪功學員服食破壞中樞神經的藥物,以迫使他們放棄信仰。

隨後徐承本迅速消瘦,原本身高一米七八,體重 170 斤,數月後親友再見他時,他僅重 100 多斤,像一副骷髏架子,模樣令人驚駭。他的意識常常模糊,頭腦不清醒,不僅放棄了信仰,也放棄了追究妻子的死因。

## 「610」威逼利誘其子稱火化換其父自由

「610」找到賀秀玲的獨子徐輝,他們從徐承本那裡搬來了印表機、電腦等為「物證」,威脅要將徐承本判刑,他們稱,如果徐輝簽字同意將母親遺體火化,就可以放他父親回家,並給 5 萬元錢。

他們問徐輝:「你要火化?還是要你爸?」徐輝在壓力下被迫簽字,同意將母親的遺體火化。隨後,「610」給了徐輝 5 萬元錢。

6 月 20 日,賀的遺體被火化。火化當天,現場來了許多警察,有幾個警察緊緊尾隨徐的兒子和家人,當賀的妹妹哭訴時,幾個警察將她迅速拖走。

## 被施藥迫害 徐承本慢性中毒而死

2008 年初,徐承本突然死亡。2 月 26 日這天,徐承本忽然給親屬打電話,聽起來還好。第二天,親屬接到徐的死訊。當親

屬為他的遺體穿衣時，發現皮膚已經潰爛，所穿的襯衣和皮膚黏在一起，親屬詫異，找來法醫做鑑定，鑑定結果為中毒身亡。

雖然法醫含糊地說是煤氣中毒，但種種跡象使親友懷疑，認為「610」為了讓徐承本封口，施以藥物迫害，讓其慢性中毒而亡。

根據國際人權組織對煙台毓璜頂醫院的調查，該醫院移植中心的成員稱，一年最少做 160 至 170 個腎移植手術，而且腎源充足，供體健康，曾給外國人移植。但是，對於供體的來源，卻避而不談，即使在醫院內部，也諱莫如深。

目前，「活摘器官」這一挑戰人類道德底線的惡行正隨著核心要犯薄熙來下台、王立軍被捕、薄谷開來被判刑而浮出水面，罪惡真相全部曝光時，將震驚全球。

## 第四節

# FBI 證實的兩個中共特務

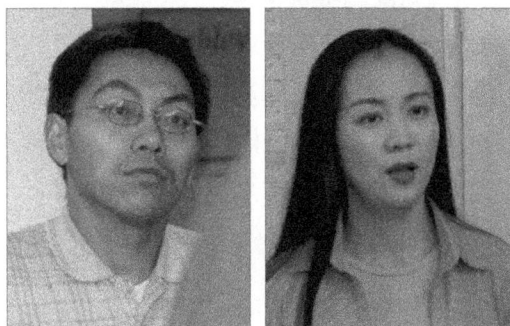

被美國 FBI 和英國情報部門證實的中共特務鍾政（左）和樊延瑜。他們假冒法輪功學員，蒐集法輪功相關情報，滋擾生事，破壞法輪功形象。（明慧網）

　　2006 年 2 月 1 日據《大紀元》報導，美國情報部門 FBI 和英國情報局通過高科技設備，掌握大量中共在美國和英國本土的中共特務名單，一些中共特務發往中國大陸的情報也常被截獲，因此，FBI 將個別特務的名單提醒給了當地法輪功負責人。

　　這些年中共往海外派遣了大量特工人員，特務的級別、範圍和類別都有所不同。中共 1999 年 7 月鎮壓法輪功的時候，當時中國大陸法輪功修煉的人數約有一億人。中共安插了大量特務進入法輪功這個鬆散的民間煉功群體。

　　這些年來，安插進入法輪功內部的特務，了解法輪功真相後，幾乎都成為真正的法輪功修煉者，在明慧網上刊載了不少這樣的故事。

　　但仍有極個別的人不知悔改，混在法輪功學員中，一直替中

共提供情報。在等待了很多年後，直到 2006 年 1 月 20 日，法輪功的網站「明慧網」，才第一次公布出兩個中共特務「樊延瑜」和「鍾政」的名字和照片，並提醒法輪功學員不要再與他們接觸。這兩人也被美國 FBI 和英國情報部門證實了其中共特務的身分。

從 1999 年 7 月迫害開始，中共把四分之一的國家財力用在打壓法輪功上，從 90 年代羅干就已經派特務偽裝學煉法輪功的學員。告別中共起義的原中共官員陳用林和郝鳳軍在揭露中共派遣特務的問題上都曾經說過，中共最怕的三大海外媒體──《大紀元》、新唐人電視台和希望之聲廣播電台裡都混有中共特務，光在澳洲，中共就安插了上千特務，在北美和歐洲，中共安插在法輪功學員中的特務真不是一個小數字。

法輪功是信奉「真善忍」，被「假惡鬥」的中共所鎮壓，到法輪功修煉者裡「臥底」的中共特務，相當部分被法輪大法的真善忍所感化，已成為真正的修煉者；但仍有個別特務一直在替中共收集情報，做罪惡的勾當。

## 中共特務鍾政　冒充台灣法輪功學員

自稱叫「鍾政」的男人，2006 年時是 34 歲，自稱是台灣人，為了取得信任，鍾政也和台灣法輪功學員一起去其他國家進行和平請願。2004 年 1 月胡錦濤出訪法國時，他很活躍，還接受了採訪。並常去美國活動。因為法輪功沒有組織，是鬆散管理，所以當後來驚覺鍾政有問題時，才發現誰也不知道他的來歷。

大陸有認識他的人說，他住在北京總政黃寺大院，父母是中共派到國外多年的老特務。鍾政見曝了光，竟然反問道：「難道

就因為我父母是特務，你們就不信任我？」

2007 年 12 月 3 日，圓明網發表了一篇《英國：警惕中共特務及用心不良之人在倫敦唐人街搞破壞》的文章，講述的是，中共特務鍾政被曝光一年後，依舊在英國搞破壞的事。

2007 年 9 月，鍾政曾有幾次出現在倫敦唐人街，未經允許從《大紀元》報箱中取出一些報紙，同時大聲喊叫，動作粗魯地強行向路人發放報紙，故意引起人們對《大紀元》的負面印象。

之後，《大紀元》的工作人員曾約見鍾，並向其展示一封書面警告。此後一段時間，鍾的行為有所收斂。

但 11 月 27 日，鍾又出現在唐人街，未經允許濫用《大紀元》報紙，繼續亂喊亂叫。鍾的喊叫受到了正在唐人街巡邏的、負責唐人街安全的地方政府管理人員的注意。他們在聽取了《大紀元》工作人員的解釋之後，要求鍾把手中的報紙放下。兩位保安人員告訴《大紀元》工作人員要把有關鍾的事情向警察局匯報，並把他們的聯繫方式留了下來，說一有這樣的事情發生，立即通知他們和警察。

## 英國法輪功學員中的女特務樊延瑜

另一個在英國法輪功學員中臥底的中共女特務叫「樊延瑜」。她在英國時，在法輪功學員中挑撥是非、造謠生事，引起了注意，並被當面質問：「有人說你是特務，你是不是？」樊延瑜並沒有悔過，反而誣陷他人冤枉了她。

人們得知她曾參過軍，是軍方幫她辦的出國留學。但出國後她並沒有去上課，反而是在酒店打工。表面上她生活很節約，住

最便宜的地下室，吃最便宜的飯菜，很能吃苦，但她言談中卻不時流露出對奢華生活的極端嚮往，特別是喜歡英國的那種大豪宅。

儘管樊延瑜已經和馬來西亞一位華裔博士結婚，但她和鍾政這兩個特務經常找機會碰面，鬼混苟合，亂搞男女關係。樊延瑜的情況被英國情報部門掌握後，被告知了英國法輪功負責人。

樊延瑜經常在學員中散布對法輪功負責人的攻擊性謊言，造謠生事。後來被識破了，中共看她在英國待不下去了，就命令她找機會到美國繼續進行破壞。

2006 年中國新年，新唐人電視台準備了一台歌舞晚會，這讓中共非常恐懼。為了破壞演出，中共讓在紐約的樊延瑜，找機會進入了一個參演晚會的舞蹈團。她不但以打電話為名，把參演的法輪功學員的手機拿去動手腳，而且偷走舞蹈團準備演出用的一些道具，並通知中共把舞蹈團在大陸訂購的晚會舞蹈服裝全部扣押。

## FBI 證實的中共特務

FBI 在調查中共派遣到海外的特務時，發現鍾政和樊延瑜是偽裝法輪功學員的中共特務。FBI 的報告內容證明這兩個人不是修煉者變質墮落了，而是貨真價實的助共為虐的工具。

據《人民報》吳萊的文章透露，中共特務在海外扮演不同的角色，有的幸運裝扮富商，揮霍起錢來根本不用眨眼，因為專門負責結交海外那些有用的和被中共監控的上流人士，花多少錢不需證據開白條就能報銷。有的當小老闆，店裡賣的都是沒人要買的東西，半個月進不去一個顧客，別譏笑他不會做生意，他那是特務祕密接頭站，就是越少人進去越好，要的就是清靜。還有的

特務當聽差的。

例如在各駐外使領館裡當大使總領事等主要使館官員們的司機等等，別看頭頭兒心情不好時吆三喝四，他們成了受氣包兒似的；當官的突然被調回國，打入冷宮或寫檢查，往往都是這幫特務打的小報告。

還有特務是搞暗殺的，暗殺也不是那麼容易，不像羅干開動坦克車舉起衝鋒槍那樣簡單。有的要去接近自己的暗殺對象，與他們做朋友，然後下手。臉上要堆著誠懇的笑，心裡卻在盤算著如何盡快殺死他，這工作有點人味兒的都幹不了。

1995 年 2 月曾擔任毛澤東 20 餘年保健醫生的李志綏在寫完《毛澤東的私人醫生》後，在美國的新聞發布會上，發布了自己準備開始撰寫第二部有關中共內幕回憶錄的消息。不到一周，他就猝死在自家的廁所裡。

據一位參與暗殺的人事後透露，他們在大陸就認識李志綏，利用老朋友敘舊時，在手指甲中放入一點特殊的藥物，倒水時彈入李志綏杯內，使他喝了三天後才發作身亡，其死狀則與心臟病猝發相同。警察來偵查時，門窗關的好好的，沒有人闖入，李的次子說他生前沒有心臟病。

令家竊密詳情　習近平大驚

# 第八章

# 陳光標紐約行的 「特殊任務」

被稱為「大陸首善」的陳光標，謎樣地致富，高調地行善。
不過這神祕黑幕在一場收購《紐約時報》的荒誕鬧劇中，被
一一揭開——又一個江澤民集團打造的偽善男巫，替曾慶紅、
羅干、周永康等人在國際商界執行特務和統戰。

被稱為大陸首善的陳光標，謎樣的致富，
高調的行善，但其真實面目是中共江派集
團的特務。（新紀元合成圖）

第一節

# 「大陸首善」陳光標
# 的特務身分

## 陳光標揚言收購《紐約時報》

2013 年 12 月下旬，就在原中共公安部副部長李東生被官方宣布正式調查之後，一向愛出風頭、被中央電視台等御用媒體封為「大陸首善」的江蘇商人陳光標，在深圳「2013 國際華媒大獎」獲得「傑出華人」的頒獎會上，自曝「將赴美洽談收購《紐約時報》」，引得台下一片譁然。

擁有《紐約時報》百年歷史的奧克斯·蘇茲貝格家族毫無出售的念頭，而且這個全球最著名的報紙市值 24 億美元，不過陳光標只願出 10 億美元，而且錢還是借來的，因為陳的總資產不到 7 億美元。

陳光標對所有媒體表示，這次收購將由他和一位不願透露姓

名、從事地產業的香港富豪朋友共同出資，對方意向出資 6 億美元，而他出資 2 億至 3 億美元，1 月 5 日晚便會飛往美國，與《紐約時報》高層進行為期半個月左右的洽談，「我提出了三個方案：參股、控股、收購，我們就圍繞這個進行討論。」

幾天後的 12 月 30 日，《紐約時報》一名女發言人稱，該公司「不會對謠言置評」。不過，陳光標還是提前飛到了美國，而且還帶了三個女人。

## 陳自爆有比收購《紐時》更驚人事件

據《第一財經》記者報導，按照陳光標在其微博上貼出的登機牌，《一財》記者等候在紐約甘迺迪機場。不過，飛機抵達近兩小時後，「身穿黑色大衣的陳光標才姍姍出現在機場大廳。隨行共五人，其中三名為似乎臉部嚴重燒傷的中年婦女。」

《紐約時報》簡稱為「時報」（The Times），是一份在美國紐約出版的日報，在全世界發行。由於風格古典嚴肅，有時也被戲稱為「灰色女士」。

在機場，陳光標透露說，這次到紐約有三件事要辦，其他兩件事比收購《紐約時報》更重要，「絕對震驚世界」。「如果不能收購整份報紙，我收購一個版面也可以啊。我想收購頭版，然後進行改組，這樣，頭版上顯示『中國紐約時報』，搞一個中英文對照版本。」

他說將在 1 月 7 日周二召開新聞發布會，詳細說明那兩件比收購《紐時》還重要的事。「他得意地給了記者他的微信，上面列出已經邀請的 74 家國際媒體，但是沒有邀請中國媒體。

『希望通過中文媒體翻譯外媒的報導的形式間接在中國報導。』陳說。」

## 大陸媒體動不了的「騙子首善」

　　什麼是陳光標說的比收購《紐時》還「絕對震驚世界」的事呢？在他眼裡，《紐約時報》的版面是能夠隨意花錢購買的，好像《紐時》的採編獨立不存在了。看到這消息的海外華人都樂了：丟人現眼開黃腔的事，你陳光標在大陸做就算了，怎麼還敢到紐約來撒野呢？你以為你和你兒子花錢在《紐時》登了幾次廣告，《紐時》就會出賣新聞版面了？

　　在回答這個懸念之前，我們先來看看大陸敢言媒體人的心目中，陳光標是何許人也。

　　早在 2008 年《南方都市報》深度部記者占才強就開始調查一夜成名後的陳光標，被陳光標知道後，利用上層關係給「消音」了。之後《瞭望東方周刊》等媒體陸續想深入調查，遭同樣命運。2010 年 9 月，在比爾蓋茲和巴菲特來中國推廣慈善時，陳光標高調提出死後將「裸捐」，引來《南方人物周刊》、《新京報》、《21 世紀經濟報導》去江蘇調查，不久又被陳知曉，通過有關部門「和諧」之。2011 年 4 月 22 日，《中國經營報》、《華夏時報》再度爆出質疑陳光標的報導，《南方都市報》、《南方人物周刊》的稿件才得以刊發。

　　2013 年 11 月 18 日，《中國經營報》主任編輯李賓以寫作花絮的方式，在《網易 UGC 精選》上連載了他們兩年前對陳光標的調查過程。簡言之，「調查結果著實讓人吃驚，這個近幾年來

一直高調『暴力』做慈善的中國『首善』，其形象和行為竟然和在閃光燈和攝相機鏡頭前大相逕庭：他 2010 年號稱超過 3 億的捐贈有眾多項目沒有落實，甚至有的受捐單位都不存在；他號稱年產值已經過百億的江蘇黃埔再生資源利用有限公司，多年來的營業額最多的竟然只有幾千萬，而且幾乎年年虧損。而陳光標則不計其數的對外宣稱，他 2009 年的利潤超過 4 億，將其中的絕大部分做了慈善。陳自稱十幾年來，已經累計向社會捐贈了 14 億元之巨。」

比如他們調查發現，「陳光標當年對家鄉老年人活動中心和農貿市場的所謂 2600 多萬元的捐贈，更像是自家擁有的財產；2009 年所謂 1.3 億捐建南京黃埔防災減災培訓中心，是他公司所在地，更像是自己公司的地產投資項目。更要命的，陳光標之前宣稱自己的江蘇黃埔公司營業額已經過百億，可查詢其工商登記資料發現，該公司 2008、2009 年的營業額只有幾千萬，且負債率接近 100％，陳光標宣稱的數億利潤從何而來？」

陳的很多捐贈都難以證實，特別是後期他只捐現金，更是難以核對。比如「西南抗旱，捐款捐物約 6700 萬元」；「玉樹地震，捐款捐物 4300 萬元」，都只有籠統的一句話，具體捐給了哪裡？做了什麼？外界一概不知。

根據「成績單」，陳光標在 2010 年的「西南抗旱」中捐贈了價值 6300 萬元的錢物，其中 5300 噸的礦泉水就價值 1300 萬。記者核實發現，這 5300 噸礦泉水實際為他與時任北京博宥集團董事長丁書苗聯合捐贈的。

在「玉樹抗震」的 4300 萬元捐款中，包括「丁書苗提供的 1000 萬元，鄂爾多斯永隆商貿公司董事長李琳提供了 500 多萬

元。」如今丁書苗已經被審判，她是前政法委書記周永康的錢袋子。

## 央視和網路水軍助陳光標欺世盜名

文章給出了這個頂著慈善行騙的奸詐商人的很多欺騙證據，同時也報導了誰在暗中幫助這個欺世盜名者：中央電視台和網路水軍。

李賓舉例說，他們報導出來後，報社很快就收到無數謾罵的電話、郵件的攻擊，「到後來，我們終於明白這些電話為什麼會如此集中地到來。是的，這就是傳說中的『水軍』，他們不光在網路空間裡製造大量的謾罵垃圾和言論煙霧，還把這種習性延伸應用到了現實中。……我們的前台接待曾經接到一個傢伙的謾罵電話，上來就是劈頭蓋臉罵一通，我們的小姑娘很耐心聽他罵完，然後對方終於忍不住說：『妳還真有耐心，其實我們也是受人之託，收了錢幫人辦事而已。』這個段子一度在編輯部流傳，也讓我們更加自信的面對所有謾罵電話。一個頂著全國道德模範名號的人，不惜動用如此手段來對待、質疑他的媒體。這正說明，他心中充滿了恐懼和不安。果不其然，幾天之後，謾罵的電話就如潮水一樣退去了。」

李賓還回憶說，報導出來後，央視主動邀請記者和陳光標做節目，「但是等到 4 月 25 日《東方時空》播出的時候，我們終於知道他這些說辭有多麼可笑。整個報導給了陳光標充分的表演空間，而對於本報記者所質疑的多筆捐贈均答非所問，拿不出有效證據。還煞有介事拿出一大本厚厚的記錄來證明自己累計捐贈已經超過 14 億元。而對於本報記者的採訪則基本沒用。」

「可能普通的老百姓不會去留意新聞業務本身的問題，但是作為媒體同行，對央視的新聞操守和業務水準則是一目了然。首先，如果要調查陳光標的捐贈是否到位，難道不用去各個受捐單位和地方查證，僅僅採訪陳光標本人，讓他拿著一些證書和獎狀以及自己整理的記錄就可以？況且，那些所謂的材料跟我們所質疑的項目往往風馬牛不相及（鑒於這篇回顧性文字的性質，我不能一一列舉那些項目）。其次，要調查陳光標之前宣稱對老家的兩個捐贈項目的虛實，竟然可以靠一通打給鎮黨委書記的電話解決，當地的老百姓一個都沒採訪，這樣的採訪難道能夠得到事實？」

文章最後說，「到底是因為陳光標動用了什麼資源得以和央視媾合，還是央視基於陳是其捧出來的典型而產生的『護短』表現，我們不得而知。」

陳光標與央視的密切關係，還可從更早的 2006 年看出端倪。2006 年 10 月 29 日，陳光標捐建的天崗湖鄉農貿市場落成，同時，「中國民營企業發展與新農村建設論壇」也在此召開，官方報導稱，「這是我國第一次在農村現場舉辦的新農村建設論壇」，「國務院國資委國有重點大型企業監事會主席季曉南、中國經濟體制改革研究會副會長楊啟先、江蘇省副省長仇和、省慈善總會會長俞興德、省政協副主席黃因慧……參加了論壇。」

陳光標還請來了中央電視台的著名主持人王小丫。據知情人透露，2006 年陳光標還不被公眾所知曉，但那時他和央視副台長李東生、公安部部長周永康、其錢袋子丁書苗等人就很熟了，所以他能請動李東生手下的美女主持王小丫。

## 公安特務也在幫助陳光標

央視和陳光標是什麼關係，人們一直搞不懂，但人們都意識到，陳光標後台之硬，除了有中央電視台、新華社、網路水軍的保護，還得到了大陸公安特務的幫助。《南方人物周刊》記者陳磊還在微博上公布採訪陳光標時，記者遭到威脅的錄音以及簡訊。

錄音中陳光標說：「你還年輕，小夥子，可以搞其他人，到我，你要注意。我只能這樣提醒你。……到時候可能你連怎麼進去的都不知道。……我現在就可以告訴你，（有關部門）正在為這個很惱火。已經有部門點到你了，你要把這些事情搞清楚……（發怒）告訴你們，你們怎麼去採訪的，何時去的，我都知道，包括住哪個賓館，坐誰的車……」

在大陸，誰有辦法監控到這些信息呢？只有周永康管轄的公安特務。也就是說，陳光標和政法委的人又拉上了關係。

2011 年 5 月 4 日，曾經對陳光標所謂「慈善事業」進行調查採訪的多名記者都在微博上表示，他們遭受到了「網路水軍」的攻擊謾罵，甚至是死亡威脅。

《中國經營報》記者葉文添在微博上表示，因為報導陳光標，自己和多名記者「均收到了死亡威脅和屍體照片，以及水軍刷頁的罵娘。」當天晚上 10 點多，知名財經記者趙荷娟也在微博上透露，自己已經連續收到「死屍恐嚇郵件」，並已報警。「剛在老公陪同下從派出所作筆錄回來，並作了證據鎖定。」她還表示，經過比對，自己和葉文添等人收到的郵件幾乎完全一樣，由此可見，這是一次「有組織的特別針對行為」，直接與陳光標爭議一事有關。特別是，郵件中「被挖掉雙眼、全身起蛆腐爛的大頭屍體圖片」

已經超出了底線，希望警方能夠對這種赤裸裸地恐嚇行動作出回應。趙何娟還透露，雖然她已報案，但尚未收到立案通知。

## 「陳善人」的惡行：千人血淚狀

據大陸敢言媒體介紹，1968 年 7 月 19 日，陳光標出生在以貧困出名的江蘇省宿遷市泗洪縣天崗湖鄉，用他自己的話說，「10 多歲前從來沒有吃過肉」。上學讀到初二後，便去打工，擺小攤。據其家鄉人介紹，媒體報導的他用拖拉機拉貨發財的故事，都是編造的，當時他們家鄉的人根本沒有見過拖拉機。

陳於 2008 年獲得所謂「大陸首善」的稱號，是由於把一大筆錢捐給了泗洪縣老年中心；但家鄉人說，那個豪華奢侈的老年中心只是他給他父母建的後花園。

他捐的所謂商業街，也是讓縣政府強行關閉老街、發生暴力強拆後的結果；而且名義上是捐贈，但所有物業的主人都是陳光標的弟弟，把投資披上了慈善的光環。

《南方周末》調查發現，「村民統計，這起事件至少 30 多人被打，4 人被送醫院，事後 11 人被拘留 7 天。一份以『王集街 1000 多群眾』名義寫的『血淚狀』說：當時街上哭叫聲刺人心肺、毛骨悚然，有的被揪住頭髮『架飛機』，有的衣不蔽體鮮血直淌，有的雙腳在水泥街面磨破血流不止，在場群眾無不傷心掉淚。被打村民稱，當時有人當眾說：『有了陳光標的農貿市場，你們（老街）封也得封，不封也得封。』」

2009 年 1 月陳光標捐資 1.3 億元，在南京江寧區勝利路一號興建了「南京防震減災培訓中心」。「培訓中心」5 月 26 日落成

時，陳光標麾下的黃埔集團還舉行了一場聲勢浩大的捐贈儀式，中共全國政協常委、江蘇省政協副主席等多位副部級高層出席了捐贈儀式。但人們發現，陳光標的「黃埔再生」公司就是在這座「培訓中心」大樓裡面。自己捐，自己用，還能稱為「捐贈」，這就是陳光標後台硬的表現。

## 江湖騙子傍上了軍隊高官

大陸媒體報導說，1991年，23歲的陳光標來到南京創業。在一次藥店的閒逛中，從一個袖珍疾病探測儀上發現了商機，於是他開發了一個「不具有 CT 功能」的「標牌 CT 型耳穴測病治療儀」，並把其價格「由原來的100多元賣到了8000多元」，並在旁邊的安徽做電視廣告。為此，1999年還被國家藥品監督管理局點名批評不實，至今在監管局的網站上仍能查到。

去安徽之前，陳曾在江蘇南京新街口一帶擺攤。據當時一起擺攤的知情人回憶，「他這個人能說會道，會『賣嘴皮子』。」陳總穿一身白大褂，一副支架上放著儀器，給路過的人看病。儀器檢查完，然後開出藥方，對方給幾塊錢，一天能掙個百把塊錢。那時他們給陳取了個外號叫「假醫生」，陳曾回敬：「你別叫我假醫生，我不姓假。」

不過據陳光標自己表示，當2003年他創辦江蘇黃埔時，他並沒有掙到多少錢，當他與第二任妻子白紅離婚時，車子、房子都給了白紅，自己身無分文再一次創業，選擇了廢舊廠房拆遷。當時陳光標很難拿到第一手合同，拆遷工程利潤最多才4%左右。他自己對媒體形容，「我陳光標賺錢，其實比吃屎還難。」

但不久他就攀上了貴人。據陸媒報導，陳光標「曾給國防大學捐了兩輛當時還非常罕見的保時捷。當校方問他有何要求時，他先是感謝黨、感謝國家，後表示只想上思想理論課。校方安排他去將軍班上了3個月課，期間他天天挨個請將軍們吃飯，結果那幾年，所有國防拆遷工程全是他的，不知賺了多少億。」

## 假救災 奸商欺騙溫家寶

2008年6月，大陸官媒報導說，在「中國扶貧基金會」捐贈獎候選人之一「陳光標事跡」介紹中，有這麼一項：陳光標在江蘇黃埔還投資興建了「江蘇黃埔青少年國防教育基地」，該基地位於南京江寧區祿口鎮機場高速公路右側，占地近200畝，投資達5000萬元，是南京地區進行青少年國防教育的重要場所，對青少年實行免費開放。

不過南周報系記者調查發現，根本就沒有這個基地，只發現一個公司名叫：「江蘇黃埔青少年國防教育基地有限公司」，其法人代表赫然署名陳光標。

對此，陳光標一口否認：「誰告訴你我辦過這麼一個企業，那不是我說的！」詭異的是，這樣一個高達5000萬的慈善大項目，是被誰列進中國扶貧基金會的候選人事跡中的呢？是國防教育基地，可免稅拿到土地，而後陳光標辦了公司，還算在扶貧先進事蹟中，這樣的騙局他也敢幹？

其實，更多的騙局陳光標都幹過了。調查發現，就連當年被人們津津樂道的汶川地震千里馳援都是假的。據知情人介紹，當時有人給陳光標出主意，在汶川大地震期間，他如果能去抗震救

災，那肯定會得到中共高層領導的賞識。於是他就連夜飛到成都。在當地租了幾台挖掘機，雇了些人穿上江蘇黃埔的衣服，在公路上拉上巨大的橫幅，拍照上網，給媒體發通告。於是後來在媒體的報導中，就成了 60 輛大型機械，120 人的隊伍，30 個小時星夜兼程千里馳援汶川的光輝事跡。

　　大陸媒體還報導說，由於有情報部門的人幫忙，他能提前知道中共領導人會去災區什麼地方，他提前趕到奮力救人，最後「巧遇」領導後，騙得領導人的稱讚。比如在汶川地震災區，陳光標見到了時任總理溫家寶，還得到了他的表揚。溫家寶握著陳光標的手說：「你是有良知、有靈魂、有道德、有感情、心繫災區的企業家，我向你表示致敬。」從那以後，陳光標更是名聲遠揚，2009 年 11 月在武漢接受媒體採訪時，陳光標脫口而出的一句話是：「差不多 60％是因為做慈善結交的生意。」

## 陳的關係網、後台和真實身分

　　看看陳光標接的工程，就能知道他的後台在哪。2008 年成為所謂「首善」之後的兩年中，陳自稱已是中國最大的環保拆遷公司。其黃埔公司接過的引人注目的業務有迎中共「國慶 60 周年」長安街拓寬改造拆除工程、商務部老辦公大樓拆遷、奧運會結束建築物輔助拆除工程、央視過火樓金屬幕牆拆卸等官方拆遷工程。

　　在大陸，陳光標的頭銜很多：中國首善、全國抗震救災英雄模範、全國道德模範、全國勞動模範、全國五一勞動獎章、CCTV 經濟年度人物大獎、中國最具號召力慈善家……幾年前他的頭銜更多達 21 個：江蘇省第十屆政協委員、南京白下區第 16

屆人大常委、江蘇紅十字會副會長、江蘇進出口商會副會長、江蘇省慈善總會副會長、全國 51 個市縣榮譽市民……

2014 年在紐約，陳光標給出的名片中頭銜也很多，除了「中國首善」，還有「中國最有影響力的人」。時事評論員周曉輝評論說，這連中南海的習近平、李克強、王岐山都未曾如此自稱的霸氣，陳光標憑什麼？陳光標當然不是憑自己，至於憑什麼，先問問高調愛炫的陳光標幾個不可告人的祕密。

「誰可以讓他獨獲軍隊工程的標案，谷俊山？誰可以讓他總攬南京政府拆遷作業 80％以上的工程，季建業？誰可以讓他參與公安部全國徵地拆遷方案的制定，周永康？誰可以讓央視為他量身打造『中國首善』的螢幕形象，李東生？誰可以在他成名後封鎖他昔日的負面消息，劉雲山？答案，以上皆是。

再來檢視陳光標的媒體成名史。陳光標散見媒體的宣傳報導，連最基本的籍貫資料至少出現有江西、江蘇、安徽等三個不同版本，這個底層出生的貧民，卻在 2007 年憑空被捏造成『行善大王』，且一躍成為『中國首善』，並於 2008 年汶川地震被正式打響名號後，就此一路高調，甚至變態地海內海外沿路灑紅包。

先不說陳光標看上去怎麼也花不完的錢哪裡來，民眾對他 10 年來捐了 10 多億善款的說法從來沒信過，媒體也不是完全沒有追蹤過他宣稱的賑災業績，只是相關新聞都被中宣部擋下。特別是，對於陳光標如此粗鄙醜陋的『善行』，只見許多公知起而撻伐，反而號稱專業打假的方舟子、仇富的司馬南、仇商的孔慶東等人，卻都悶聲不響。

原來都是系出同門，原來都是養兵千日。陳光標的『特殊任務』，用於 2012 年。這一年 8 月，也是陳光標第一次和《紐約

時報》打交道，他在該報購買半個版面刊登釣魚島廣告。不過陳
光標動機非為自己愛國，也非為釣魚島主權，其真正目的是刺激
國內民眾發起第二輪激進、且最終演變成暴力燒搶打砸的反日遊
行抗議活動。因為當時薄熙來正式被提訴，江系人馬例行性反撲
的製造亂局。

　　至此，若問陳光標是誰？誰讓他有錢這麼玩？不過又一個江
澤民集團打造的偽善男巫、帶血土豪，替曾慶紅、羅干、周永康
等人在國際商界執行特務和統戰。」

　　《新紀元》也從北京知情人那裡獲悉，陳光標發財的主要「恩
主」，是他在國防大學認識的軍方的人，但隨後擴大成了江澤民
派系的人，上面提到的丁書苗背後的政法委書記周永康、央視副
台長李東生、主管宣傳的李長春、劉雲山等人，還有其背後的江
澤民，都是陳光標的大靠山。「陳的那些錢，都是幕後人給的，
是要執行任務的。」

## 替江派登釣魚島廣告 激化中日矛盾

　　2012 年 8 月 31 日，當時釣魚島衝突日漸升溫，陳光標花了
3 萬美金在美國《紐約時報》上登出半版英中雙語廣告「日本右
翼分子正在侵犯中國釣魚島」、「釣魚島自古以來就是中國的領
土」，竭力煽動大陸民眾的所謂愛國熱情，結果引發了幾十年來
從未有過的反日高潮。

　　在日本侵華「9‧18」事變 81 周年的當天，大陸上街遊行反
日的城市從 52 個增加到近 100 個。許多城市的遊行出現「打、砸、
搶」事件，並且各地抬出相同的毛澤東畫像和類似文革的標語口

號，一些城市甚至出現了相同的橫幅：「釣魚島是中國的，薄熙來是人民的」。而且人們發現，很多公安冒充民眾在遊行隊伍中帶頭打砸搶，製造混亂。

9月15日的北京，有人製作了巨幅的五星紅旗，還打出了「願提十萬虎狼旅，躍馬揚刀入東京」、「打倒日本帝國主義！戰無不勝的毛澤東思想萬歲！」的大橫幅，很多人還高舉毛澤東的畫像，說「因為你們的軟弱，毛主席又回來了！」、「寧願大陸不長草，也要拿回釣魚島」。

在北京還出現了教授當眾打老人的惡性事件。打人者是北京航空航太大學教授韓德強。他在自己的微博上發文解釋「我為什麼打這個漢奸？」他說：「見到兩個青年人舉著一幅床單，上書『毛主席，我們想念您』；此時，聽到一個刺耳聲音『想個屁！』回頭一看，是個老頭；我大聲說：『在此時此地你罵主席，你就是個漢奸！你就是日本人的內應！』他不理，我就上去給了他一個耳光！後來，我陪著那兩個青年人繼續往日本大使館方向遊行，這個漢奸還在隊伍裡繼續詛咒，被我看到，我又上去搧了他一記耳光。」

此文一出引起很大反響，韓的行勁被比作先前北大教授孔慶東罵人一般。人們直稱韓德強是「文革標本！」、「毛糞教授，人文之恥！」韓德強是「烏有之鄉」（帶有政治左翼與毛澤東思想色彩的中國政經評論網站）的「理論家」，也是現代毛左的一面旗幟。

當年9月20日，《新紀元》獲得獨家消息，對於民間反日遊行失控，出現大量打砸搶燒事件，胡錦濤相當震驚。「胡認為有人希望藉釣魚島事件的反日示威，挑起內亂」，騷亂事件中的

多起打砸搶事件證實和警方人員有關，「是否和政法系統直接相關，仍在調查當中，但北京已經掌握了一些證據。如果屬實，原本周永康平穩下台的各方默契可能出現變化。」

《新紀元》分析說，江澤民團伙利用遊行暴亂給胡錦濤、溫家寶施加壓力，但效果適得其反，周永康治下的公安武警鬧得越凶，反而促使胡、溫下定決心拿下薄熙來和周永康。現在回頭來看陳光標在海外刊登釣魚島廣告，這也是江派給胡、溫施壓的一個步驟，陳光標執行的也是江澤民派系下達的「特殊任務」——促使民間騷亂升級。

有意思的是，一年後的 2013 年 8 月 6 日，陳光標之子陳環境又在《紐約時報》登廣告宣示釣魚島主權，不過這次卻沒能引起多大的波動。

再比如 2011 年，陳光標聲稱他在台灣捐了 5.1 億台幣，是他以往單筆捐款中最多的一次。當時就被質疑其在台灣做統戰工作，在中共管制外匯的情況下，陳光標這樣大張旗鼓的把人民幣換成新台幣拿到台灣，沒有中共政府的允許是不可能的。當時中共統戰部長就是江澤民派系的杜青林，而背後是曾慶紅在掌控。陳光標到了台灣也故意讓民眾現場領取鈔票，據說令台灣各界反彈強烈。

而陳光標的特務活動中最突出的，則是 2014 年 1 月 7 日在紐約上演的「慈善」鬧劇。

## 第二節

# 特務露了餡
# 陳光標紐約鬧劇大曝光

2014 年 1 月 7 日，陳光標在紐約曼哈頓中央花園南側昂貴的 JW 萬豪酒店，召開新聞發布會。紐約中文媒體悉數到場，但陳光標此前邀請的 70 多個西方媒體只有少數到場。陳光標以卡拉 OK 開場，手拿麥克風演唱自己作詞的《中國夢》，讓媒體有些意外。

**帶燒傷人紐約亮相是陳的主要任務**

接著他開始介紹自己。他感謝「偉大的中國共產黨」的改革開放，讓他這個苦孩子有了今天，並宣布到美國的三件事：一是收購、參股、合作《紐約時報》；二是以自己的拆除行業進軍美國市場，參與競標拆除舊金山的一座大橋；三是記者會的重頭

戲——請出兩個自稱在 2001 年 1 月 23 日天安門自焚案中被嚴重燒傷的郝惠君、陳果母女給媒體拍照。

陳光標自稱已經為兩人整容花費了 117 萬美元，但人們看到的依舊是兩個頭頂光禿的人，五官基本都燒壞了，雙手都燒沒了，只有兩隻胳膊。兩人如同機器人一樣，背誦事先安排的台詞，陳光標則在一旁反覆叮囑她們說慢點，說大聲點。陳還宣布要安排兩人在美國接受半年的整容，預計要再花費 250 萬美元。

據自由亞洲電台報導，兩人很熟練地重複了一段在央視節目中慣常出現的對法輪功的誣衊。現場有記者提出，根據《華盛頓郵報》文章，2001 年天安門自焚事件是中國政府安排的，為了挑起對法輪功的仇恨。兩位是這一陰謀的受害人，請他們講出事實真相。

現場有記者問：記者自己也讀過法輪功的書籍，法輪功認為自殺、殺人都是不對的，並沒有鼓勵自焚的內容，為什麼還要去自焚，而且還把後果都算在法輪功身上呢？

陳果：「我們是聽信了劉雲芳講的那些蠱惑人心的鬼話。她是整個事情的策劃人。」

劉雲芳就是中共喉舌所謂的「自焚事件」七人中的一個，是那個在現場沒有給自己澆汽油的人、說話前後矛盾者。陳果還透露，王進東已經死了，可能病死的。陳果說這些年生活在養老院。由於多年來外界無法採訪到當事人，記者希望對陳果做專訪，但她拒絕了。

據法輪大法「明慧網」報導，法輪功學員、中央音樂學院學生王博介紹，她認識陳果，陳果的確曾是中央音樂學院學生，是王博的同學，原來學過法輪功，但 1999 年結識王博的時候，陳

果已經不煉法輪功了。

## 真假自焚母女內幕

1月7日，親臨新聞發布會現場的「追查迫害法輪功國際組織」（簡稱「追查國際」）發言人汪志遠質疑，這兩個燒傷患者是否是真正的「陳果和郝惠君」。他表示，據追查國際的調查，自焚偽案是中共江澤民等最高當局為誣陷、抹黑、詆毀法輪功，煽動民眾仇恨法輪功而製造的一個陰謀，其中有多點疑問。

汪志遠問陳光標：「據追查國際的調查，自焚的主要成員王進東等人前後不是同一個人。追查國際委託全球公認的中文語音研究權威——台灣國立大學的語音研究所，對自焚參與者王進東等人，進行了不同場合的語音鑑定。其結果是，在天安門廣場喊話的『王進東』的聲音，與最後在勞教所接受記者採訪的『王進東』的聲音，不屬於同一個人。你是如何確認這兩個人就是陳果和郝惠君？」

陳光標說兩人的護照可以為證。但中國每年成千上萬的人靠假護照偷渡出國，以護照為證，引發各界更深的疑問。

據知情者 2005 年 1 月 24 日在「明慧網」披露：「陳果母女

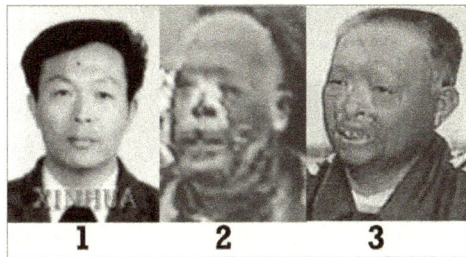

據追查國際的調查，自焚偽案的主要成員王進東前後不是同一個人。圖為《焦點訪談》中三次出場的王進東自焚前後的照片。（大紀元資料室）

一起被軟禁在開封市北郊福利院中，有一名叫展金貴的開封市公安局退休警察，負責對陳果母女的禁衛。公安人員常年 24 小時值班，她倆不得與任何外人接觸。」陳光標憑什麼能夠將當局 24 小時隔離的人帶走「整容」？

此前也有人在網上披露，陳果已經死於大面積感染。在中共嚴密封鎖消息、24 小時軟禁陳果母女的情況下，陳果就是中共刀俎下的「魚肉」，不論她死活都是中共利用來欺騙民眾、煽動仇恨的工具；即使活著，也在中共的掌控下，無法自由地講出真相。所以她們的真實情況外界無從知曉。

汪志遠分析說：「從我們調查的結果可以推斷，今天的『陳果和郝惠君』很可能是中共找的替身，她們怎麼能承認當眾撒謊呢？」13 年前的「天安門自焚偽案」中，還有個 12 歲小孩叫劉思影，在傷癒出院當天接受了積水潭醫院院長和醫政處處長的訪問。訪問了很長時間。他們兩個走了之後，很快這個小孩就進入了病危狀態，之後迅速死亡。「我們懷疑是殺人滅口。」汪志遠說。

## 王博及其母披露陳果真實身分

更多的調查顯示，當年陳果在「被自焚」時，早已不是一名法輪功學員。

2007 年 4 月 27 日，石家莊市中級法院對法輪功學員王博一家非法二審開庭。北京六位律師以一個律師群體出現在辯護席上，不顧中共的阻撓，首次當庭為受害法輪功學員所做的無罪辯護，令中共驚恐。過程中王博揭開了自焚偽案的又一騙局：其中的「自焚者」陳果，是王博的同學，原來學過法輪功，1999 年結

識王博的時候，陳果已經不煉法輪功了。

王博在 2005 年的一個自述中說：「我在上中央音樂學院期間認識陳果，雖然她以前煉過法輪功，但從 1999 年我認識她的時候開始，她已經不看《轉法輪》，也不認為李洪志師父是我們的師父。她認為河南有一個叫劉某某的才是真正的『高人』，而且，還邀請我和我的母親去河南聽所謂的高人『講法』……」

陳果說的那個所謂「高人」就是劉雲芳，就是中共喉舌所謂的「自焚」七人中的一個。

關於陳果的身分，新華社的報導內容前後矛盾，先稱陳果的母親郝惠君「自打 1997 年練習『法輪功』以後，漸漸變得少言寡語，癡癡呆呆，常常精神恍惚，萎靡不振。」後稱陳果「在母親的影響下，1996 年起，她也練起了『法輪功』。」新華社的兩種說法，不但時間上前後矛盾，內容上也邏輯混亂，假如母親練功後變得癡癡呆呆的，聰明的女兒怎麼會受母親的影響呢？這再次印證了大陸百姓那句笑話：新華社的報導，除了日期是真的，其餘都是假的。

明慧網 2002 年 1 月 24 日發表的一篇大陸知情者投稿的文章中也表示：「看過《焦點訪談》後，我們當晚就找到了離中央音樂學院最近的煉功點的一位老學員，了解陳果的情況，這位老學員講他自己從 1995 年秋到這兒煉功。音樂學院的大法學員都在這裡煉功，他經常看到與陳果同宿舍的張倩來煉功，但從未見到過陳果，張倩還去音樂學院自發組織的學法小組學法，從未見到過陳果。」

王博的母親劉淑芹也披露，因為王博知道陳果事情的真相，為了封住王博的嘴，中共不惜動用一切手段，摧毀王博一家人。

很多知情人向海外透露的消息證實，天安門「自焚」是中共一手策劃的。（大紀元資料室）

## 公安部高官透露「自焚」內幕

在「自焚」偽案發生後的 10 年中，有很多知情人向海外透露的消息證實，「天安門自焚」是中共一手策畫的，在事件發生前，中共內部就已有消息走漏出來。

中國民主黨國內負責人之一林春水曾經向海外透露，公安部一高級官員 2001 年 1 月 28 日向他提供的消息指出：王進東 1 月 23 日自焚，賈春旺（當年的中共公安部長）22 日就知道消息。他還表示，在中央政法委的會議上，羅干曾經說（大意）：「根據掌握的情況，即使王進東不自焚，也會有張進東、李進東等跳出來表演。」

明慧網 2010 年 10 月 13 日發表一篇文章，大陸一位知情者披露，2001 年過年前，他所在單位領導告訴他，大年三十期間天安門廣場要發生自焚，並告訴他說，這個消息是上級通知的，北京方面下來的。該文分析說，按照常理，若不是中共邪黨自導自演這場鬧劇，既然它都能通知基層單位，有人要在天安門廣場搞自焚，並明確說是大年三十，要想制止這件事情的發生，根據中國的現狀及邪黨的勢力和防範能力，它完全可以控制天安門廣場

不讓任何人出入，怎麼會在天安門廣場發生這場「自焚」鬧劇呢？

也有來自中共喉舌內部的人士向海外披露，所謂的「自焚」是當局策畫、喉舌配合造假。郝惠君與陳果母女是自焚者中長相最好的，特別是陳果，中央音樂學院的大學生，長得秀氣苗條。那麼為什麼要留著她們母女？顯然是在為這次自焚留下所謂的「證明」——為構陷法輪功、煽動民眾仇恨之用。

## 「天安門自焚」是中共一手導演的騙局

對於陳光標上演的這齣鬧劇，總部位於紐約的法輪大法信息中心1月7日當天第一時間發布公告，聲明「2001年天安門自焚案的自焚者不是法輪功學員，該事件是中共當局親自導演，用之來煽動公眾對法輪功的仇恨。法輪大法信息中心呼籲美國社會對此敲醒警鐘，敦促美國媒體對此進行徹查。」

法輪功發言人張而平揭露：「當時所謂『天安門自焚』這個事情出現之後，西方記者就和我們聯繫，然後他們表示，要採訪所謂自焚的人士，但都被中共當局拒絕了，而且只讓所謂的CCTV、《人民日報》、新華社去採訪。」

從2001年1月23日的所謂「天安門自焚事件」在電視播出後不久，國際媒體都想進行調查，但都被中共官方拒絕了。僅有的幾篇報導，都是在案發當天和中宣部禁令下達前短暫時間內進行的，但僅僅這樣倉促的調查就已經發現很多破綻和疑點，此案也就被國際社會公認為「世紀偽案」或「天安門自焚偽案」。

比如美國《華盛頓郵報》在2001年2月4日頭版頭條發表署名菲力浦·潘（Philip P. Pan）的調查報告《自焚的火焰照亮了

中國的黑幕——自焚的動機乃是加強對法輪功的鬥爭》。菲利浦親自到自焚身亡的劉春玲的家鄉開封實地調查，鄰居們說從來沒有人看見過劉春玲煉法輪功。而且調查得知：劉春玲不是開封本地人，生前在夜總會靠陪吃、陪舞謀生；劉春玲曾不時毆打老母和幼女；從來沒人見到劉春玲煉過法輪功。

法輪功發言人張而平說：「法輪功根植於佛家，其核心原則是真、善、忍，通過打坐煉功來促進個人的身心健康。」他說：「法輪功的主要著作《轉法輪》明確教導禁止殺生和自殺。並且，（中共）國家媒體所播放的視頻中，自焚者的打坐動作是不正確的。這些人如果都不遵守這樣最基本的教導和按正確的方式來打坐的話，他們可能是法輪功學員嗎？」他說：「他們（自焚者）的行為不能代表法輪功，法輪功鼓勵人們要真、善、忍，珍惜一切生命，包括自己。」

獲得第51屆哥倫布國際電影電視節榮譽獎的影片《偽火》，揭露了「天安門自焚」的真相。該紀錄片揭開了部分漏洞，如：數十個滅火器哪裡來？所謂自焚組織者王進東全身燒焦，頭髮和裝汽油的塑膠瓶卻完好無損，而且聲音鑑定前後不一致；燒傷女孩劉思影氣管切開了還能唱歌；重度燒傷患者居然嚴密包紮，違反醫學常識；另外，為什麼拘禁外國記者，沒收現場的拍攝錄像；為什麼警察背著滅火器巡邏等等。

2001年8月14日在聯合國會議上，「國際教育發展組織」進行權威性技術鑑定後，就「天安門自焚事件」，強烈譴責中共當局的「國家恐怖主義行徑」：所謂「天安門自焚事件」是對法輪功的構陷，涉及驚人的陰謀與謀殺。聲明指出：錄影分析表明，整個事件是「政府一手導演的」。中共代表團面對確鑿的證據，

沒有辯詞。

另外兩個有力的證據是，在法輪功的主要書籍《轉法輪》第七講中明確指出：「殺生這個問題很敏感，對煉功人來說，我們要求也比較嚴格，煉功人不能殺生。不管是佛家、道家、奇門功法，也不管是哪一門那一派，只要是正法修煉，都把它看的很絕對，都不能殺生，這一點是肯定的。」同時，對於自殺的問題，在李洪志先生的著作《法輪佛法——在悉尼講法》第 86 頁中也明確指出「自殺是有罪的」。目前全世界 114 個國家和地區有一億多人學煉法輪功，除了中共編造的這一起所謂法輪功自焚案之外，全世界其他地方都沒有發現所謂法輪功自焚案，這也從另一角度證明這是中共強加給法輪功的栽贓誣陷。

## 紐約鬧劇 國際媒體譴責陳光標與中共

1 月 7 日，陳光標新聞發布會後，「美國之音」記者當即質疑稱，「如果是一位一心只為他人著想的慈善家，何以忍心將兩位在一場至今未被獨立調查的自焚中倖存的面容全毀的母女登台當眾亮相？」並稱這是記者看到郝惠君、陳果母女時的第一感想。

CBS 電視台 1 月 7 日報導，陳光標讓這兩名女子展示她們可怕的燒傷，她們的臉布滿疤痕，好像戴了面具，不像真實的。從錄像上看，那個所謂陳果的左眼部位被一種厚厚的透明的膠狀物質故意覆蓋著，不像燒傷整容後的人皮。

英國《金融時報》指出：「沒有任何證據表明自焚者是法輪功的人。」路透社的電訊寫道：「北京正在利用身體被燒焦的恐怖形象，來作為與法輪功打傳媒戰的最新武器。」

　　一句話，對於陳光標執行的這場政治表演，西方媒體基本持負面意見，很多媒體都在指責陳光標這個「慈善家」，不應該讓這兩個女人以這種方式面對全世界觀眾，很多媒體稱中共在紐約上演的鬧劇只是一個國際笑話。

　　《華爾街日報》1月8日報導說，採訪剛開始時，陳光標就擺好了姿勢與聘請的當地保鏢合影，但保鏢們以責任為由，拒絕了陳光標請他們在合影時把槍也秀一下的要求。陳光標拿出的名片上印有「中國最具影響力人物」、「中國首善」、「中國最具號召力慈善家」等諸多頭銜。他還承認炒作是自己形象的一部分。

## 陳光標懸了 國信辦急刪新聞

　　這次陳光標的賣力炒作，不但在國外惡評如潮，在國內也遭到同樣負面的對待，有人分析他可能引火上身，給自己帶來無窮禍害。

　　1月8日，據加州伯克利大學分校創辦的「中國數字時代」披露，國信辦急令各大網路，刪除最早由騰訊網轉載的《陳光標美國開發布會 為自焚者提供200萬美元手術費》的新聞。

　　事發三天內，大陸媒體雖然報導了陳光標的紐約行，但只報導其收購《紐時》的鬧劇，隻字不提自焚的事。新華社只在兩天後給出了一個英文的報導，但沒有中文版。

　　很多人認為，這次陳光標要倒楣了。據德國之聲報導，旅美新媒體人北風表示：「陳光標這次十有八九要拍到馬腿上，把全世界的目光聚焦到法輪功問題上，這對中共來說可不是件開心的事情。」

他說，「六四」問題和法輪功問題，還是中共當局不敢拿到檯面來講的事情，中共當局還在繼續當初的定性和作法：「這是讓他們臉上無光的事情，和法輪功相關的『勞改營』、『偷摘器官』都是飽受國際社會的指責，且不論這兩母女他們的炒作真正原因是什麼，但當外界重新聚焦到法輪功這個問題時，對當局來講都是失分的過程。從當局最近布置的一系列頂層設計來看，不會突然來這麼一招，讓國際社會轉移焦點，所以國信辦刪文太正常不過了，陳光標這次真的有可能拍到馬腿上了。」

他還表示，很難想像中國政府把敏感事件的試水溫交給一個不靠譜的商人來實施，「類似的議題即使要操作，中共也會讓一個更精細、更穩妥的對象來操作。昨天有一個美國資深媒體人說，美國這邊的媒體和一些公眾對陳光標的印象也是非常負面。由負面的人來做一番義正嚴辭的指控的話，其實效果絕對大打折扣，我想不太可能是中國官方派給他的任務。」

北風認為，「這次我看他（陳光標）回去懸了。對於習近平這種愛面子、愛名聲的人，讓陳光標這樣的人在外折騰的話，也會臉上無光，一句話就能把他查個半死。」

第三節

# 一張蠢牌 牽出三個幕後人

　　細心的讀者會發現，陳光標宣布其紐約之行，是在北京高層拿下「610」頭目、公安部副部長、原中央電視台台長李東生之後。這兩件事具有因果關係。

　　李東生 1999 年 6 月 10 日就被江澤民任命為專職鎮壓法輪功的「610 辦公室」副主任，負責在媒體宣傳上誣陷法輪功。用江澤民給「610」下達的密令來說，就是要對法輪功實施群體滅絕，要「名義上搞臭、經濟上搞垮，肉體上消滅」。於是，李東生在 2001 年配合當時的中共政法委書記羅干，以及江澤民的幕後軍師曾慶紅，搞出了這場震驚全球的「天安門自焚」騙局。因為歷史上任何一個政府，也沒有利用如此卑鄙殘忍的方式，誣陷一群按照「真善忍」修煉的好人。

　　2013 年 12 月 25 日，李東生落馬後，海外媒體大量報導了「天

安門自焚」真相，這令江澤民為首的血債幫極其恐慌，不惜使出其精心培植了多年的所謂「中國首善」的王牌特務陳光標。

## 陳光標紐約行是中共血債幫最後一搏

很多媒體評論說，陳光標這次所謂收購《紐約時報》，這只是為了吸引媒體來報導的噱頭，其真實目的正如他自己所說，是為了再次炒作「天安門自焚」。陳光標提出所謂收購《紐約時報》的噱頭，他既未事前作過可行性研究，又未接洽過《紐約時報》的股東，而且報價那麼低廉，做出的收購聲明被對方稱為謠言，他還要前往紐約，甚至提出收購一個版面的笑話，這只能說明其真實目的是為了在世界文化之都的紐約「搞點事」，完成其政治任務。

2001年「自焚」偽案發生後，當事人死的死，關的關，據說陳果母女被關押在外界無法接觸的地方，一關就是十多年。據網友張國想披露：「陳果母女一起被軟禁在開封市北郊福利院中，有一名叫展金貴的開封市公安局退休警察，負責對陳果母女的禁衛。公安人員常年24小時值班，她倆不得與任何外人接觸。」

而陳光標一個普通民營企業家，沒有「610」的同意，怎麼能接觸到陳果和郝惠君，而且還能把這兩個所謂犯人，通過嚴格的政治審批，辦理護照，辦理好簽證，帶上飛機，帶到紐約呢？沒有中共血債幫最高層的許可，這是根本不可能的。陳如果只是個商人，絕無打通層層關節的能力，這必然是「血債幫」高層推動的結果。

## 企圖為嘍囉打氣 讓習近平背黑鍋

　　那麼為何這時血債幫要在紐約重新炒作「自焚」騙局呢？時事評論員章天亮分析說，從中共激烈的權力鬥爭中，我們即可見到端倪。薄熙來下獄、李東生被捕、周永康隨時會被宣布雙規或逮捕，江系「血債幫」面臨土崩瓦解的局面。因「血債幫」以鎮壓法輪功為共同特徵，它必須以攻擊法輪功來顯示自身的存在，以便讓基層的嘍囉們不至於立即停止迫害。

　　譬如，2013 年 11 月 5 日，「610」辦公室主任李東生就流竄到河北懷來縣土木鎮二檯子村，就進一步迫害法輪功進行直接布署和指揮，叫囂強化宣傳，加人力度，要搞全方位、網格化管理，一個都不放過。半個月後，李東生即被宣布涉嫌嚴重違法違紀，並特意在公布時突出了他「610」辦公室主任的頭銜。

　　當時大陸的法輪功學員告訴警察，李東生被抓了，許多警察嚇得變了臉色，感覺局勢將變，不敢再進行迫害，而將散發真相資料的法輪功學員放走。如果大陸警察盡皆如此，迫害將隨時終結。這就是江系血債幫恐懼到骨髓的事。

　　還有評論說，由於當時李長春和劉雲山家族的醜聞不斷被揭，江澤民原來牢牢控制的「宣傳系」也面臨淪陷，在國內無法再大力掀起對法輪功的攻擊。從掌握「槍桿子」的周永康，到掌握「筆桿子」的劉雲山，江系鎮壓法輪功的兩大支柱都在失勢，在國內已經無牌可打。唯有跑到海外重說謊言，以顯示其存在，並指望不了解中國局勢的人，把這筆帳算在習近平的頭上，讓習背黑鍋。

　　陳光標的這次紐約活動，中國國內基本沒有跟進報導，國外也沒有中領館人員出席。可以說，血債幫想要展示其實力，卻恰

恰暴露了其迴光返照式的虛弱。

## 不懂正常人心理的黨文化蠢棋

然而，江派這一步棋，也被證明是步地道的蠢棋，他們動用了陳光標這最後一張「王牌」，換來的卻是絕對失敗的結局。因為黨文化培養的中共黨徒，忽視了人類正常社會民眾的心態，他們不懂西方民眾的心理狀態，以為在大陸能夠藉「自焚」案激起民眾對法輪功的負面態度，在西方也能抹黑一下法輪功。然而，血債幫的幻想徹底落空了。

當初羅干、曾慶紅、李東生搞出「天安門自焚」案時，他們的想法就是利用當代大陸人「向強者屈服、向弱者攻擊」的變態心理，當大陸人聽信煉了法輪功要去自焚的謊言，普通中國人不是同情自焚的弱者，而是指責弱者。就好比一個小孩被小偷偷了東西，大陸家長一般會指責孩子沒有照看好自己的東西，好像錯的是孩子，而不是小偷。一個女孩被強姦了，人們會批評她穿戴太漂亮，有勾引人之嫌，而不是去譴責強姦犯。這就是當今大陸人被中共黨文化所扭曲的變異心理。

而西方人不一樣。他們同情弱者，他們認為，要是沒有那麼大的冤屈，誰會去自焚呢？錯的不是自焚者，而是逼迫人自焚的制度或事件。再說，最近一年西藏上百個僧人被中共的壓迫制度逼迫走到了自焚的地步，西方人一直都是同情自焚者的。而且中共炮製的所謂法輪功天安門自焚案，早就在十多年前被西方人認定是中共的誣陷。這時，一個小丑式的陳光標，想藉重新炒作「自焚」案來激發西方社會對法輪功的負面想法，這都是不可能做到的。畢竟西

方人有人類正常的思維模式，不會如中共黨文化的那種思想認識。

換句話說，曾慶紅、羅干、江澤民搞出的這個陳光標的紐約鬧劇，只是把自己推向了更大的深淵。

一個署名 uponsnow 的網友留言說，「陳光標和那個中共背景的美國中文電視記者的對話都快要把我蠢哭了，這兩傻 X 對美國無知地可怕，不愧是黨化教育出來的垃圾。」

署名「萬網互通」的寫道：「李東生下馬，司馬南失蹤，方舟子老婆美國物業曝光，陳光標荒誕演戲，戲一齣齣演，棋一步步走，大戲開始高潮。」他還說：「李東生下馬後，傻乎乎的陳光標成為一個棋子被人擺布，幹了一堆蠢事，在國內居然沒人知道，可見新聞封鎖得厲害，還有些蠢材讚美陳光標曾經幹過什麼好事，簡直被洗腦得徹底。」

## 三政治局前常委的流氓手段曝光

不過，無論是 2001 年中共在北京炮製的「天安門自焚」，還是 2014 年在紐約上演的整容鬧劇，有一個相同點就是：都來自相同的凶殘、邪惡的想法，都是不顧人類起碼的道德良知的愚蠢做法。不難推斷，這兩次流氓誣陷，都是出自相同的蠢人與惡人群，即羅干、曾慶紅、江澤民流氓集團。也就是說，陳光標的紐約鬧劇，曝光了江派如今還是那批人在幹壞事，他們甚至手法都還是老一套，思維方式也還是老一套，讓人很容易識別。

不過人間有個理，假的真不了，真的假不了，假的就是假的，經不起推敲和檢驗。早在 2000 年 9 月，就有海外媒體根據中共高層人士透露的消息報導，中央政法委決定，由羅干親自指揮，在

各地犧牲一批打入法輪功內部的公安人員，誘騙有關「線人」，冒充法輪功學員製造自殺案，精心布置現場，渲染死者的痛苦表情，嫁禍法輪功。每個死者由公安機關賠償家屬 3 萬元。於是不久人們就看到了「天安門自焚」騙局，不過在全國其他地方並沒有出現。

周永康等政法委官員經常強調在新疆、西藏等少數民族地區，矛盾衝突很激烈，沒有了政法委，中共就政權不保，國家就面臨分裂。不過，這都是周永康一手促成的騙局，因為在新疆、西藏最先挑起事端的就是周永康自己。新疆長期控制在江派周永康手中，每次在敏感時刻，江澤民集團為攪亂政局和恐嚇國際社會及美國，都會暗中在新疆策動流血事件，不惜以軍人假冒新疆人或假冒漢人製造民族衝突。

比如 2008 年 3 月，西藏及青海省等地藏人的和平示威，被政法委演變成了暴力「打砸搶燒」事件，直接造成 18 名無辜平民死亡，400 多人受傷。從新華網發布的「西藏暴徒」照片中，一位海外華人認出拿漢式大刀砍傷漢人的一個所謂「藏人」是當地派出所漢族警察扮演的。她看見他演完後，又換上了警服。

英國情報中心的全球定位衛星能從太空中監視著半個世界，其中包括西藏。衛星錄像發現很多中共軍人假扮僧人、中共利用特務煽動發動暴力事件的證據。但中共軍隊卻以平息暴亂為藉口，在拉薩採取鎮壓行動，由此造成數以百計的藏人死傷，民族矛盾進一步激化。

羅干讓酒吧女（劉春玲）假扮法輪功學員去自焚，跟周永康讓警察假扮藏人去殺人一樣，都是上演了「狼披著羊皮來吃人」的劇目，都是同出一轍的栽贓手法。不過這場紐約整容鬧劇，不但曝光了潛伏特務，還曝光了三個幕後人，等江派回過神來，一定後悔自己又幹了件蠢事，又走錯了一步棋。

令家竊密詳情　習近平大驚

# 第九章

# 特務監控下的樸實見證

法輪功是什麼？爲何中共要把法輪大法作爲其國安公安特務間諜監控的頭號重點，這是個值得好好思考的問題。打開明慧網，隨機選取幾篇法輪功學員的修煉體會，不論是袪病健身或修心向善、做好人的親身經歷，都樸實無華卻眞誠動人。

1998 年廣州的一個法輪功煉功點的學員們在晨煉。（明慧網）

# 第一節

# 神奇的祛病效果

## 我家幾位親人得法經歷

文 _ 大陸大法弟子

【明慧網 2016 年 2 月 6 日】我和老伴是修煉大法十幾年的老弟子。弟弟、妹妹們親眼目睹了我們修煉前後的變化，見證了法輪大法的神奇和美好，有的也相繼走入大法修煉。現在將他們的修煉故事寫出來與大家分享，更感謝師尊的慈悲呵護與救度。

**大弟體驗大法威力**

老伴的大弟多年來視力一直不好，曾在多家大醫院檢查，幾

家醫院的診斷均為眼底病變，沒有有效的治療辦法。弟弟很苦惱。2008 年視力已降至 0.1，接近失明了，全家人很著急。

我們得知情況後，老伴對他說，你到我們這兒來，如果這的醫院不能治，咱們還有別的辦法。在我們的再三勸說下，弟弟在弟妹陪同下來了，帶來一摞各大醫院的診斷病歷。

當天晚上我給師父敬香，弟妹跪在師父法像前對師父說：「師父啊，我們也想修煉法輪功，請您慈悲幫幫我們吧，哪怕讓我老頭的眼病是白內障能做手術也好啊！」

第二天我和老伴領弟弟、弟妹到一家大醫院去檢查。眼科主任拿放大鏡對著弟弟的眼睛一照說：「白內障這麼嚴重了怎麼才來？」弟弟不相信自己的耳朵，問：「主任，您說我的眼睛是什麼病？」「白內障！」弟弟心裡很高興卻也覺得奇怪：全國有名的幾家大醫院的權威醫生都說是「眼底病變」，不能手術，怎麼到這兒就變成白內障了呢？我和弟妹心裡都明白，是師父把病轉變了。當時主任就告訴診室的大夫趕快給他安排手術。

診室的大夫又檢查了一遍，說白內障很嚴重了，明後天手術。弟弟和弟妹回到我家高興極了，眼睛有救了，不會失明了，萬分感謝師父。當天晚上弟弟和弟妹跟我們學了五套功法，學得非常認真。煉動功時，弟妹就感覺小腹處有法輪轉動。弟弟煉靜功，打坐能單盤 40 多分鐘，而且感覺腰部熱乎乎的很舒服。弟弟曾患腰間盤突出多年，一犯病就得在床上折騰幾個月，吃盡了苦頭，從來沒感到如此舒服。弟弟高興的說：「這功法太神了！」從此，弟弟的腰間盤突出病好了，至今六、七年了再沒犯過。

兩天後，弟弟做了白內障手術。手術的第二天去醫院查視力，視力為 1.0。醫院都覺得神奇，剛做了手術視力這麼好很少見。

弟弟、弟妹非常高興，我們也為他們祝賀。他們急著回家把喜訊告知家人和親友，從此兩人走進大法修煉。

　　弟弟原來酒癮很大，自修煉大法後不喝了，可過年過節親友喝也想陪著喝點，慢慢的酒癮又回到他身上，還泡藥酒。去年的一天夜間，弟弟突然渾身疼痛難忍，尤其是後背劇烈疼痛。他的兒子和老伴把他送去醫院。檢查結果：肝、脾、胃、腎都水腫，而且全身的皮膚疼的不能碰，醫生診斷是急性胰腺炎，不能進食、進水，只能輸液觀察。弟弟心想：我是煉功人，要靠師父、靠大法，不能在這兒靠醫生，堅決要求回家。回家剛躺床上，就聽到煉功音樂聲音，而且非常優美特別好聽。他想，是師父在點化我快煉功啊。於是他忍著疼痛學法、煉功，很快恢復了健康，師父又替他承受了一難。他從此不喝酒了，告訴我們：「師父太好了，我一定堅修大法，我再也離不開大法了。」

## 當軍醫的弟妹信大法

　　弟妹是軍醫。從弟弟的經歷中見證了大法的美好和超常，修煉大法很堅定。他們一起學法、煉功，以法為師，身心變化很大，真誠對待自己的兒媳和在當地居住的小叔子、小姑子，深受家人和親友的稱讚。遇到問題想到要用大法弟子標準要求自己。近兩年她也度過兩次病業關。

　　前年的上半年，她的雙膝紅腫，不能行走。她想這是師父給我消業，就加強學法。她女兒從國外買來了膏藥讓她貼，她說，「我這不是病，貼藥不管用。」女兒強行給她貼上，她感覺疼的反倒厲害了，馬上把膏藥揭下來。她煉靜功打坐，忍著疼痛由3

分鐘、5 分鐘，逐漸地到半小時，40 多分鐘。隨著煉功腿也在好轉，十多天後她能下地走動了，不久可以上、下樓了。家住在山上，又是樓房無電梯，每天爬相當七、八層樓高，她上下已經自如了。

再一次是去年她的耳朵突然耳鳴，她說：「那不是一般的耳鳴，那聲音就像排山倒海一樣嘩嘩作響，搞得心裡很不舒服。我堅信大法，我沒有病，我就堅持多學法，多煉功，多發正念，該幹什麼還幹什麼，不把它當回事。只幾天的時間就好了。」

她對這兩次過病業關很有感觸。她說：「我是耳、鼻、喉科的醫生，在骨科也幹了幾年。這兩次病業，從醫學講我很清楚，也不是一般小毛病。如果去醫院檢查治療，費時間，花錢還遭罪，拍片子，弄不好還得手術。我深知大法的超常，把自己當修煉人，師父就管我了。我永遠忘不了師父的救度之恩。謝謝慈悲的師父。」

## 妹夫的骨密度指標和青壯年一樣

妹夫今年 74 歲了，也是軍醫。煉功前患有嚴重的氣管炎，到了冬季天天咳嗽不停，儘管天天吃藥，常常打針也不見好轉，而且一年比一年重。

2007 年他開始修煉法輪功，沒幾天就感覺咳嗽一天比一天輕。經過兩、三個月，不知不覺的病全好了。變得紅光滿面，白髮間又長出了黑髮，體重也增加了。從此再沒吃過一粒藥。從自身的變化，更增強了修煉的信心。學法煉功從不懈怠，去年他們醫院組織檢查身體，大夫驚奇的說他的骨密度指標如同青壯年，其他所有各項指標都正常。

修煉後，妹夫不僅身體變化大，心性提高也明顯。有一次乘公交車剛上車，司機關門太快，把他的腳擠了，當時他想：我是煉功人，不會有事。忍痛沒吭聲，回家後一看，一個腳趾變形瘀血，腳面也紅腫了。他知道那個腳趾骨折了。沒跟家人說，堅持學法、煉功，不到一星期，一切恢復正常了，才對家人說起此事。不煉功的家人說：「你真是個傻子，這麼大的事為什麼不告訴司機，不找他領導呢？」他笑著說：「我是煉功人，按師父說的做，要替別人著想；我要找他領導，說不定要扣他工資，弄不好工作還丟了，他們掙點錢也不容易，我不能那麼做。」

## 小妹被師父從死亡線上救回來

小妹今年已 59 歲了。2008 年她患胃癌，已到晚期。手術時醫生發現整個胃和脾都充滿了癌細胞，醫生說手術不能做了。在家人的強烈要求下，醫生才做了胃全切、脾部分切除手術。小妹的生命危在旦夕。

得知消息後，我和老伴馬上趕往家鄉醫院去看她。只見小妹雙眼緊閉，靜靜的躺在病床上，臉色蠟黃，瘦得皮包骨，身上插滿了管子。見到如此的小妹，我們心情很沉重。聽到我們來到她的床邊，她才強睜雙眼。

我們安慰小妹說：「小妹，不要怕，你的病能好。大法無所不能，我們師父能救你！」小妹示意的點了點頭。我們當時就把大法護身符戴在她脖子上，告訴她從現在開始，你就反復的念「法輪大法好，真善忍好」。我或老伴陪護她時，就給她講師父救度疑難雜症病人的故事，講大法無所不能，給她放師父的講法錄音。

她聽得很認真。當大弟去看她時，她發現大弟眼睛手術後，修煉僅一個月，就變得紅光滿面，雙眼視力恢復正常，精力充沛。她說：「太神了，看來大法真是超常，我也要好好修煉。」她的信心更足了。

小妹出院後，堅持學法、煉功、發正念，食欲漸漸增強，臉上有了血色。修煉不到半年，什麼家務活都能做了。至今小妹修煉 7 年了，如果不說，誰也不會知道她曾得過那麼危重的病和做過那麼大的手術。她說：「我感到修煉大法很幸福，這一切都是師父給予的，我永遠不忘師父救度之恩。」

以上是我家近幾年得法的幾位大法弟子的修煉經歷，大法在他們身上的神奇展現。師尊的慈悲苦度，精心呵護、耐心的啟悟，使每個大法弟子身心受益。師父對我們的恩情無以言表，大法的超常、神奇與美好，只有我們修煉人才能體悟到。

# 12 歲小女孩的故事轟動整個山村

文 _ 遼寧大法弟子

【明慧網 2016 年 2 月 6 日】我是 2010 年開始修煉法輪大法的。在這一階段有幸參與了本地區大法弟子波瀾壯闊的「訴江」大潮。

我地處於山區，大法弟子分布在各個溝溝岔岔。分散不說，很多大法弟子文化不高，對起訴江澤民一事，在法理上都能認識上去，一旦動起筆來就不知所措。有的七、八十歲的老年大法弟子，雖然在大法中，師父給開智開慧，令大字不識一個的文盲，都能通讀大法書籍；可寫起訴書、控告江惡首就力不從心了。說可以，但不會寫，有的老年大法弟子為了求人寫控告書，得徒步翻山越嶺走出幾十里地，還沒寫成，都急哭了。

鑒於此，從 2015 年 6 月 15 日至今，縣城裡的同修自願組成了小組，或騎摩托車、或打車、或乘公交車，分別深入到各鄉、鎮農村，幫助那裡的同修。我也是其中的一員。在這個過程中，發生了、發現了很多很多的感人故事，我不一一贅述，只摘取其中的一個片段，與同修們共同感受一下那塊土地上的大法弟子對師父、對大法的堅信。

大約在 8 月中旬，A 同修找到我說，在離縣城大約 30 公里處的一個小村子，有五、六個大法弟子要寫控告書，但不知道怎麼寫，問我能否同他一起去那裡，我自然同意。第二天，我們加上 B 同修，就騎著摩托車一起去了。

四個同修早已在等著我們，最大的 70 多歲，最小的 32 歲。

看到同修們那熱切的雙眼，我二話沒說抱著一顆虔誠的心，全神貫注於她們那些動聽的得法、護法和救人的故事。

聽了幾位同修的故事我發現，無論是誰談起當年得法的喜悅，和1999年「7‧20」進京護法的壯闊，都講到了一個叫「波」的小女孩。

那是1998年末。波只有12歲就得了一種怪病：咳嗽、喘得厲害，所有的方法用盡了都不管用，藥，一刻都不敢離身。上學時一旦把藥忘在家裡了，老師就得趕緊讓同學跑到她家，把藥取來給她吃，害怕一口氣上不來，她就過去了。說她的病怪也真是怪，到醫院去看病，可一進醫院大門，病就好了，怎麼檢查都沒病，好人一個；可出了醫院就不行了。找看邪病的人來看，人一進門，她就沒病；人一走，她就倒在炕上。她已經瘦得用當地人的話說：像個貓仔兒。

找有附體的人看過，說：她是天上來的，要往回收了，正找她呢。家人一聽，愁得一點辦法也沒有。

一天，她的那個修法輪大法的姑姑回娘家，看到她這樣，說：你學法輪功吧，只有這個法輪大法師父能救你。波沒猶豫就跟姑姑學煉起了法輪功的五套功法，看起了《轉法輪》。不知不覺間，家人聽不到她的咳嗽聲和齁齁的喘聲了，能蹦能跳了，臉色紅潤了，人也越來越好看了。

一天，她的媽媽無意間翻了一下鋪炕的地板革，驚呆了，下面全是給波治病的藥片，急忙把波叫過來問：「你怎麼把藥都扔炕上了，你沒吃啊？」波笑著說：「你看我全都好了，我沒有病，師父把我身體都淨化了。從我看書到現在，我沒再吃一片藥！」

一下子，這個山村沸騰了，誰都治不了的病，沒吃一片藥，

沒打一支針，只看看書、煉煉功，好了！這法輪大法太神奇了，太好了！小小的村子一下子就有 36 個人走入大法修煉。波的媽媽和姊姊也走進來修煉。

同修談到這裡，滿臉洋溢著幸福的光彩，說：一個煉功點放不下，再建一個，兩個也放不下，最後三個，三個啊，那時候，幾乎是一家、一家的學啊。村裡的風氣變好了，鄰裡之間的關係都很和睦，那時候真好啊！「唉，沒多久就是『4‧25 五』、『7‧20』，迫害就開始了。家家不得安寧啊，做好人不讓，還迫害修煉做好人的人，這江鬼就該起訴它！」

聽著同修們跌宕起伏的敘述，我不禁問道：那波呢，現在她還修煉嗎？修，在修！波的母親和姊姊異口同聲的說。噢，我深深的鬆了一口氣，波的事已緊緊的抓住了我。同修說，2007 年她考上了某名牌大學。在學校裡，她向同室同學講真相，被同學舉報到校領導那裡。領導對波施壓：「你是要學籍，還是要法輪功？」當年那個柔弱的女孩輕輕的說道：「我要法輪功！沒有師父、沒有大法，你們就不會有我今天這個品學兼優的學生。」隨後，她向校領導講述了她的神奇經歷。聽了她的述說，校領導默然。她走過了那驚心動魄的一步。而她的父親，一個老實的農民，沒能抵擋住那鋪天蓋地的打壓，於 2009 年走了……

如今，當年的小女孩波，以優異的成績畢業後，在某大城市工作了。

那天，當她在電話中聽到她的姊姊和母親要控告迫害大法弟子的首惡江澤民時，當即說：「還有我！」因對她的事實不甚了解，只是聽到同修們的講述，我們建議她最好親自寫，更恰當，她毫不猶豫的同意了。

出乎意料的是，在我們返回城裡時，波的姊姊打來電話告訴我們：因電話裡不能把具體事宜說清，而波周圍又沒有可交流的同修，對「訴江」一事具體操作不甚明白，她已坐上火車，明晨四點到達，問我們明天能否再過去一下？我為這位年輕同修那顆對師父、對大法無比摯誠的心流淚……

我們在約定的時間碰面了。看到眼前這個亭亭玉立的女子，無論如何也想像不出當年那個病弱小女孩的樣子；無論如何也看不出她燦爛的笑容下，怎樣承受過了當年的高壓和對真、善、忍的堅持與信守。

她淚流滿面的敘說著對師父浩蕩佛恩的敬仰與感恩，對大法的堅信，對找到同修的渴望，我們在場的同修都感動的哭了。當接過她按著鮮紅手印的控告書，我猶如接到了那顆對師父，對大法堅不可摧的熾熱的心。

送她上車時，她在我耳邊輕輕的說：「回家，真好。」

望著遠去的列車，想著波只為兌現大法弟子的誓約與責任千里奔走，想著她那句：「回家，真好。」我仰望蒼穹，遙望師尊，真切的感受了師尊賜予我們的「正法時期大法弟子」的那份至高無上的榮耀；深刻的體悟了生命與法同在的那份無與倫比的殊勝與莊嚴；切實感受到每時每刻溶在生命回歸的那種幸福與感動。我無法用人間的語言來表達對師尊的感恩與敬仰，我將用我生命的全部踐行偉大的師父、偉大的佛法賦予我的「正法時期大法弟子」的責任與使命。

# 退休醫生：40多年的病幾天痊癒

文 _ 大陸學員

【明慧網 2016 年 2 月 2 日】我是退休醫生，今年 74 歲。我是 2009 年開始修煉法輪大法的，剛煉功五、六天，40 多年的月子病（頭痛）好了。我想，大法真神奇，師父是佛吧？後來我得了寶書《轉法輪》，從此走上了修煉路，身心健康，而且全家受益。所以很想與大家分享我的感受。

## 40多年的病幾天痊癒

我生孩子後得了一種月子病：頭痛。它折磨了我 40 多年。這病的感覺是頭特別怕風，天氣稍一涼，就覺得風直往腦子裡鑽，頭就開始疼，戴上帽子就舒服。所以我幾乎一年四季離不開帽子。只有最熱沒風的夏天才不戴帽子。但是還要戴上假髮，裡面還墊上兩層布。秋天沒到，我已經在醫用白帽外面扣上一頂扁帽了。冬天在室內是一頂小棉帽，出門再加一頂大棉帽。晚上睡覺小棉帽不能摘，並要用厚毛巾或小棉墊把頭包住，否則難以入睡。這種病遇到涼氣、冷風就發作，躲也躲不過。頭疼起來好像血液都往頭上湧，頭又脹又疼，像要裂開似的，眼球都要蹦出來一樣，甚至翻腸倒肚，噁心嘔吐，藥片都難下嚥。只有打止疼針才能緩解。過後整個臉部和眼泡都是虛腫的。

為了治病，中、西醫藥、單方土方，只要有人說管用的藥我就吃，藥費報銷不了，我自己花錢買。但幾十年都沒治好，而且

隨著年齡的增長，病越來越嚴重。病一發作，我就控制不住自己，呻吟、哭叫、在床上翻滾。我的帽子也越戴越厚。我想去求求神，但不知怎麼求，到哪去找神？後來就什麼也不想了，已經老年了，就讓疼痛和帽子陪我到底吧。

2009 年夏末，一位認識不久的朋友問我：「這麼熱，怎麼見你老戴著帽子？」我講了我的病。她說，社會上盛傳念「法輪大法好，真善忍好」，說念了病就好了。許多人念了很管用，你試試吧。她給我講了真相，又講了她熟悉的人煉功康復的例子。我覺得她很真誠，就動了心，問她我能不能煉法輪功？她說，你真想學，我可以教你。我當天就開始學五套功法。

大約五、六天後動作記熟了，忽然想起我的頭怎麼不疼了呢？我告訴了那位朋友，她說：「你頭不疼了，病好了唄。把帽子摘掉吧。」我就把帽子摘了。

過了幾天，她送我一本《轉法輪》。我就按照要求，天天看書，學法修心性，堅持煉功。那時我想，幾十年的病，剛煉功幾天就好了，沒吃藥沒打針，怎麼好的呢？覺得這功是神奇。學習《轉法輪》後我明白了人生的意義，得病的原因。我也明白了法輪大法是佛法，我是在修佛啊！

## 真正修煉

我煉功雖然受益了，摘掉了半生沒離的帽子，但對大法的理解還很膚淺。到了冬天數九的時候又想：40 幾年的病，能一下根除嗎？還是戴上帽子防著點。就戴上一頂帽子。一天遇到同修，她問：「你的頭病犯了？」我說：「沒有。這麼多年了，天太冷，

慢慢來。」她說：「這樣想不在法上，對你不利。頭不疼就是病徹底好了，不能再把病要回來。」

我回去趕快學法，知道師父給弟子清理身體後，病根已經摘掉了。我還懷疑什麼？這就是不相信師父呀！我認識到是「無神論」的干擾。我立即把所有的帽子、假髮和藥都扔了。這一下忽然覺得全身好輕鬆，好像卸下一個沉重的大包袱。至今我再也沒戴過帽子。

我是個很內向的人，思想也簡單，與人交往多是醫患關係。我廠是個不小的國企，我卸了帽子，轟動了五、六千人的小區。特別是那些老年人，見面就問：你頭不疼了？不見你戴帽子了，怎麼好的？吃什麼藥了等等。有的人甚至多次問。開始我不敢說我是煉法輪功煉好的。同修說，你要證實法，實話實說。後來我就有選擇的講，現在敢跟所有的人講我修煉大法獲新生的事實了。讓他們都知道，法輪功叫人修心向善，祛病強身，讓大家都受益。我真誠地傳播福音，身體越來越好。熟悉的人說，你現在不但身體好，性格也開朗了，講得更好了。我感謝師父，領我修煉，給我健康，給我智慧。

## 福報全家

我身心上的變化，讓全家人看到法輪功的神奇功效。丈夫、子女都支持我修煉。但是讓他們三退時有些障礙。丈夫經歷了那個「你死我活」的鬥爭年代，了解中共的邪惡，第一個退了黨。

讓孫子退團、隊，他卻說，奶奶，您信您的神，我是無神論。我給孫子講「天安門自焚」是騙局，講法輪功真、善、忍造福人

類，講中共的假、惡、鬥禍國殃民。講多了，孫子明白了中共的本質，也退了團、隊。孫子在高考前誠念「法輪大法好」，中等生的他，考試中大大超出了平時的水準，上了理想的大學。

40 幾歲的兒女們，開始是很迷惑的，認為「三退」沒意義。我給他們講中共是真正的邪教，拋棄它才有美好未來。最終他們和孩子也都退出團、隊。

我們工廠倒閉了，兒子沒工作，沒收入，情緒曾一度低落，意志消沉。退出團、隊後，三年前找到合適的工作，待遇不錯。節假日回來，整個人都變了，開朗、自信，夫妻關係也好了。

我們這個家庭沐浴在佛光中各得其所，其樂融融。我代表我全家拜謝師父！謝謝慈悲的師父！

第二節

# 誰修誰得 越活越快樂

## 百歲老人的故事

【明慧網 2016 年 2 月 5 日】2006 年 4 月 13 日，90 歲的父親忽然得了「中風」，嘴歪流口水，舌頭都硬了不會說話，但心裡明白。家人見此情景忙亂一陣後，其中一女兒是修煉法輪大法的，她對家人說：「只有大法能救父親，大家快和我一起念『法輪大法好，真善忍好』。」家人都認真的念了起來，父親雖然吐字不清，但讓念就念，非常誠心，幾分鐘後吐字就清晰了，又念了 20 分鐘左右，嘴就不歪了。家人都非常高興，覺得太神奇了，都從內心感謝大法。

大法的神奇事在父親身上顯現的太多了，僅舉幾例。父親

剛聽法大概兩三天，師父就給他淨化身體了，吐出的痰中帶著血，沒吃藥幾天就好了。還有一次，父親去女兒家，有一天腿和腳都腫的很粗很硬，父親沒有動心，就聽師父講法，結果第二天就好了。

再有一次，父親不慎摔倒了，摔得很重，尾骨都摔壞了。當把他扶起時，父親疼的大汗淋漓，躺在床上疼的無法翻身，修煉的女兒就和他一起學法，並精心照顧，29 天父親才大便，要是不修煉的人是不可想像的，兩個多月徹底痊癒。

如今，父親經常聽法，皮膚細膩有光澤，皺紋減少，白裡透紅，根本不像 99 歲的老人。九年來，父親沒去過醫院，沒吃過一粒藥，沒打過一次針，給家庭減少了經濟負擔，更沒有影響家人的工作和生活。

在父親身上，全家人都親眼見證法輪大法的神奇，全家人再一次感謝大法師父的慈悲救度。

# 你是在哪家美容院美容的？

文 _ 四川大法弟子

　　【明慧網 2016 年 2 月 1 日】2007 年一天，我到銀行轉帳，將身分證遞給營業員，兩位年輕的營業員小妹拿著身分證對我左看右看，竊竊私語。

　　我不知道怎麼回事，以為還有什麼手續不全，就問怎麼啦？小妹驚奇的說，看我最多就 30 來歲，身分證上的相片老的多啊，顯示年齡也 46 歲了，不像是同一個人。我明白過來了：那天我穿了件長及腳踝的黑色背心連衣裙，我本身身材苗條、高矮適中，主要是皮膚白裡透紅而且有光澤，氣色很好。整個人顯得黑白分明，很醒目。

　　我告訴小妹，那張照片是我 30 多歲時照的，因為病痛的折磨像 40 多歲的人，現在我奔 50 的人，倒像 30 多歲。小妹好奇又羨慕地想知道我的青春美容祕方。我就告訴她們，我修煉了一個性命雙修的好功法——法輪功。小妹更驚奇了，報紙電視上說的法輪功好可怕，怎麼跟眼前事實不一樣呢。

　　因為沒人等著辦事，我就詳細告訴她們法輪功是怎麼教人做到真、善、忍，中共邪黨又是怎麼迫害善良的煉功人，「天安門自焚」如何造假等等，小妹們都明白了真相。

　　還有一次，一個美容院老闆直接打聽：你是在哪家美容院美容的？我就如實告訴她，我沒有花一分錢美容，是因為我修煉了法輪功。她感到非常驚奇，因為在我修煉前，由於病重，她曾經為我介紹過醫生，了解我從前的身體狀況。

　　我 2003 年修煉法輪大法之前，已病入膏肓，腸胃、子宮都壞了。全身關節疼痛不已。醫生告知，想吃什麼、穿什麼，別委屈了自己。我就買來些高檔服裝，甚至是花幾個月工資才能買一套的我都捨得。畢竟我才 40 多歲呀，真不甘心。朋友看我病得不行，就介紹我煉法輪功，說好得很。那時我眼睛的眼底也壞了，不能看電視、報紙。竟不知法輪功被迫害，更不知法輪功是什麼。

　　我這人做事認真，因朋友人品好，我相信他的話，就開始照著法輪功著作中的要求修煉，按真、善、忍的標準嚴格要求自己，在中共迫害法輪功最高峰時期走進來。結果，我身體很快奇跡般完全康復，渾身輕飄飄的，生平第一次知道了什麼是無病一身輕。因為我身體和心性的變化，熟悉我的人都明白了法輪功真相，不再相信中共邪黨的謊言。

第三節

# 大法教我們做好人

## 若不修大法　我也會成殺人犯

文 _ 大陸大法弟子

【明慧網 2016 年 1 月 12 日】我丈夫本是本份人，我們結婚時，他沒錢，我就看好他的人品。一開始過日子我倆都沒工作，窮，可也不打仗，後來有了兒子，我掙錢了，他也有工作了，日子越來越好。

我起早貪黑賣菜掙錢，還把家裡收拾的利利索索。對丈夫一心一意，好吃的，他不在家我捨不得吃；他工資不高，不讓他交錢，我還給他買好衣服，西服皮鞋的，白襪子每天給他洗的乾乾淨淨。我出門都沒什麼衣服，還是別人勸著買了一套 450 元的衣

服，準備參加同修交流會穿。他下班回來晚，我都得到門口張望張望，對他的情很重。

可這世道亂吶，好人也沒標了。他不是領導，可在單位跟領導陪客人去唱歌，就掛拉上別的女人了。領著人家又逛街又上飯店的，我都不知道。最後他自己說了：「我外邊有人了。」我懵了，那心就跟刀紮一樣，就覺得天塌地陷了，都不想活了，那真是剜心透骨的難受。

他說和那個女人斷，卻總斷不了，他總也不回家，我怨恨心就起來了，覺得過不去了。那天，他從外邊回來，一頭紮炕上躺那兒呼呼大睡。我一看，血「呼」一下湧上頭，一個惡念翻出來：拿砸煤的鐵斧子砸死他！心突突直撞胸口。我家有把砸煤的鐵斧子，就放在廚房，下地幾步就拿到手裡。這時耳邊突然響起師父的聲音：「煉功人不能殺生。」[1] 我一下像驚醒了一樣，渾身洩了勁，癱軟無力。但腦袋不時還打來這個念。第二天到賣菜攤位那兒，心神不定的，拿起《轉法輪》看，一翻就是第七講：殺生問題。師父說：「殺生這個問題很敏感，對煉功人來說，我們要求也比較嚴格，煉功人不能殺生。」[1] 就這樣學著法，心裡的疙瘩一點點化了，師父告訴了道理，我是煉法輪功的，無論如何不能去殺人。這個壞念頭就徹底滅掉了。

2000 年 1 月 8 日，我和兩位同修依法到北京上訪，要求停止對法輪功誹謗造謠宣傳，還我師父清白。被依蘭縣公安局警察綁架回來，2000 年新年我們是在看守所過的。新年一過，丈夫和他單位領導來勸我，說如果我不放棄修煉，丈夫和他們單位都要受影響。第二次，丈夫領著辦理離婚手續的人來了，說：煉，就離婚；不煉，就不離。

　　師父待我恩重如山，給我健康的身體，叫我做一個好人，一個修煉人。大法蒙難，我怎能背叛師父和大法？可我又不願意連累丈夫，尤其他單位的領導。兒子還小，自己一心還想維護這個家，字一簽家就沒了。我最終簽了，那是什麼滋味？我拿著離婚判決書，晃晃悠悠走回監號，用棉衣蓋上臉，哭了。

　　2002 年 10 月 25 日，我在牡丹江市被綁架，被牡丹江國保大隊警察李富等刑訊逼供。吊起來、拿芥末油往眼睛、鼻子、耳朵、嘴裡灌，用雙層塑膠袋套住頭，被憋得幾乎窒息，折磨得死去活來。然後，狠狠扇嘴巴子，又拿來一根竹棍把我的嘴撬開後，在裡面使勁的亂攪，嘴裡全部被攪破，鮮血流出來，他們就拿起擦地用的抹布來擦我的嘴，被折磨了兩天兩夜之後，送到牡丹江看守所。

　　在牡丹江看守所，囚室進來一個女人，獄警讓我看著她。我倆就嘮起來，她叫宋佳，自己說因為她丈夫移情別戀，離婚和第三者組織家庭，她領著 22 歲的外甥一起殺了那個女子及母親，還把丈夫與那女子所生的六個月的孩子，掐死掛在衣櫃裡。當年這是震驚全國的「11.20」特大殺人案。她坐那兒講著她的事，腳上是腳鐐，手上是手銬，說抱起那個孩子時，孩子還衝著她樂呢。她漂亮的臉上只有復仇的快意，沒有悔意。我兩眼瞪著看她，後背發涼，心裡翻江倒海，情不但不可靠，一旦變成仇恨就可以這麼殘忍，人性惡的一面多麼可怕！如果我沒修煉大法，我不也是個殺人犯嗎？那晚上我的眼淚止不住的流，流啊流啊，止不住，淌不完：謝謝師父！謝謝師父！謝謝師父呵！

　　師父救了我，救了我丈夫，也救了我兒子，她兒子八歲，我兒子也八歲。我母子終有見面的那天，我兒子還有媽，還有爸呀。那一夜我嗚嗚咽咽不知道哭到什麼時候才睡著。從那以後，再吃

苦遭罪，我沒那麼哭過。2006 年 4 月 24 日，宋佳被槍斃了，還有她年輕的外甥。

2005 年 5 月份，我被轉到黑龍江女子監獄迫害。在監獄裡殺丈夫的女犯人得有幾百，不少因為丈夫移情別戀動了殺機。我在病號監區時，一個叫朱麗的老太太，不會糊紙袋，完不成任務急得直哭，沒人教她我教她，她快 70 了，還因為這事把老頭殺了。說起來她自己也後悔，就是一時魔性衝動，後果難以挽回。

我師父講了：「人有佛性也同時存在魔性。人在沒有道德的規範和約束下做的事就是魔性，而修佛就是去你的魔性，充實你的佛性。」[2]

我現在對丈夫生出了慈悲心：我丈夫本來人品非常好，邪黨把這個社會敗壞了，他不也是受害者嗎？以前他會修電器，盡幫人家修，開個修理部因為老不收費，都黃了。他幹活實在，在單位年年是勞模。因為交罰款，我把房子賣了，我丈夫租房住十幾年，都沒有抱怨過。他雖然在我難中和我離婚了，我是修煉人應該體諒他。這些年，因為江澤民的迫害，他也吃了很多苦，但他沒昧著良心說過法輪功一個「不」字，他親眼看到真相了。

2009 年 10 月 27 日，我結束冤獄回家。丈夫還幫我弄「倒騎驢」賣漢堡。這輩子能學大法，是我生命的幸運，也是我家庭之幸。

註：
[1] 李洪志師父著作：《轉法輪》
[2] 李洪志師父經文：《精進要旨》《佛性與魔性》

# 哥哥浪子回頭

文 _ 北京大法弟子緣華

【明慧網 2016 年 2 月 6 日】

## 哥哥浪子回頭

　　哥哥從小上學起就愛逃學，他的脾氣也很暴躁，說話常帶髒字，對我們做妹妹的更是經常欺負，後來成家了，對嫂子及岳父母有時也很粗暴。最讓人頭疼的是他沾染上了賭博的惡習。父母去世後，由於我以前總記著哥哥對我的不好，慢慢的我們兄妹彼此很少聯繫。

　　在一次家人聚會時，聽哥哥抱怨因為拿了家裡的錢去賭輸掉了，怕嫂子發現和他離婚，想借一萬元還賭債，但沒人肯借他。這時我已經修煉大法了，就對他說：有什麼事給我打電話吧。果然，第二天他就到我家來了，我把丈夫買斷工齡的一萬元借給了他，並勸說他以後不要再賭了。他當時的語氣、態度很誠懇的說謝謝，我告訴他我學法輪功了，是我師父讓我這樣做的，要謝就謝我師父吧。那次使哥哥對大法有了初步的了解，為他後來走進大法打下了基礎。

　　大約過了兩年，有一天，哥哥突然打電話給我說他要煉功。原來他做了一個夢，夢裡腿特別疼，醒來後第一念就是要學法輪功。我聽後覺得很神奇，為他高興。他問我學大法有什麼特殊要求，我告訴他不能抽煙、喝酒、賭博、罵人等。誰知我剛說完，

他就說不想抽煙了。要知道他原來的煙癮特別大。我覺得太神奇了，他還沒看書呢，就戒煙了。顯然是師父已經在管他了。

沒過多久，我又去了哥哥家，嫂子高興的對我說：「你哥哥變化太大了，脾氣變好了，也不罵人了，最讓人高興的是把多年的賭博的惡習戒掉了。」以前那些賭友經常來電話找他，他堅決不去，後來索性連電話都不接了。哥哥變好了，嫂子激動的說，大法師父救了他們一家。

哥哥賭博把家裡的積蓄都輸光了，嫂子都不想和他過了。現在可好了。浪子回頭。後來家裡其他人都知道了哥哥的事，對師父和大法都非常尊敬、佩服。有的親屬也走進大法修煉。

## 外甥女：我是親身受益者

十幾年前，妹妹因女兒上中專的學校離家太遠，想讓她女兒住我家。我家住的是平房，面積也不大，我們三口已經很擠了，外甥女這一住就得三年，而且我家經濟條件也不寬裕，女兒也剛考上大學。這要是在我學大法前，肯定沒商量。但是作為大法弟子，我想到師父要我們時時做一個好人，我要聽師父的話，就同意了，把女兒的單人床換成了上下床。

照顧外甥女比自己的孩子要費心。記得有一次，外甥女的學校組織看演出，要晚一些回來，我就送她去劇場，而且一直在外面等到散場。當時很少有家長陪著的，外甥女特別高興。

我除了在生活上的照顧，在學習和教育上也對她特別上心，經常給她講大法的美好，告訴她做人要按照真、善、忍去做。有一次外甥女對我抱怨，說班裡的事情都是她幹，同學都太尖了，

她心裡很不平衡。我就耐心的給講：姨媽以前在單位也有過她這樣的經歷，那時還沒學大法，心裡總是不平衡，通過學大法知道了對待他人要包容、忍讓、不計較個人得失。外甥女聽後受到了啟發。從那以後，再也沒聽她抱怨過。

　　最讓我高興的是，一次學校的卷子上有污蔑大法的答題，外甥女沒寫，還叫同學們都別寫，因為她是班長，平時又做的好，同學就聽她的，所以大家沒有對大法犯罪。外甥女對我說：「您以前身體不好，如果不是修煉法輪功，您也照顧不了我。我是親身受益者。」

　　由於外甥女為自己選擇了美好的未來，再加上她學習成績優秀，品德好，畢業找工作時，學校將一個最好的單位名額給了她。我幾年前從黑窩出來，她提前給我準備了禮物，見面後抱住我淚流滿面，並告訴我她已經從合同制轉正了。這要感謝大法師父。得了大法的福報了。

# 服裝廠科長的轉變

文 _ 湖南大法弟子

【明慧網 2016 年 1 月 6 日】所有了解我的人都說，我和修煉法輪功之前比，簡直判若兩人。

我原是某服裝廠科長，修煉法輪功前，是一個爭強好勝的人，別人叫我「厲害婆」，因我經常和同事吵架。一次和別人打架，沒打贏，後來叫了 200 多人去打，打得別人跪地哀求，後來又找熟人罰了對方幾百元錢給我才罷休。我在家也經常和丈夫打架，打不贏就叫娘家的親朋好友來打。

還有，我曾墮胎、引產，導致後來十多年都懷不上小孩，到處治療也沒用，倆口子經常鬧離婚，丈夫沉迷於酒中。公婆看到這種場面，也催促兒子趕快離婚。

1996 年，我開始修煉法輪大法，我的人生開始峰迴路轉。

通過學大法修心性，我知道了按「真、善、忍」要求自己，明白了怎樣做好人。我把從廠裡拿回家的東西又拿回去了，出差買東西，也不多報銷了。上班早來晚走，兢兢業業的幹活。我脾氣也變的好多了，懂得去關心別人，尊重對方，和同事的關係也溶洽了；晚上加班，自己拿錢買了幾百個麵包給員工吃，在單位撿到錢包馬上在黑板上寫告示，要失者速領；在路上看到殘疾人、要飯的、拉煤炭的、老人等等都給予幫助；在家孝敬公公婆婆，關心丈夫。

幾個月後，我懷上了兒子，後來又生了個女孩。丈夫再也不借酒澆愁了，公公婆婆更是笑臉常開，全家人都走上了正法修煉之路，這樣一個即將破碎的家庭變得和睦而溫馨。

第四節

# 重德行善 利國利民

## 從拾金昧下到自己出資貼補遺失貨物

文 _ 大陸大法弟子

　　在煉法輪功之前，我身體非常不好，產後風濕、乳腺增生、婦科病，因每天大量吃藥導致胃也不好了；煉功以後這些病都沒有了，真是身體輕鬆，心情也特別愉快，這方面我就不詳細說了。我說一下我煉法輪功後道德的改變。

　　我在一個商場租櫃台賣貨，那時我還沒煉法輪功，有一天來了一個年輕的女士想買東西，選了一會兒就走了，等她走後我驚奇的發現一個錢包放在櫃台上，我瞅瞅周圍沒人，趕快打開錢包，裡面大約有 1600 元錢，就把錢包收了起來，心想：我也不

算偷來的，再說了，誰叫你買點東西那麼 嘰，要是回來找我也不給。不一會兒，那個女的就回來了，問我看到她的錢包沒有？我說：「沒看見。」她自己在我攤位前找了一會兒，也沒找到就只好走了。

自從 1998 年我開始修煉法輪功以後，道德觀念發生了巨大的改變。記得有一天顧客挺多的，等顧客都走了以後，我看到地上有 100 元錢，我撿起來心想：是誰掉的呢？他一定著急了，如果是老人掉的那不更上火嗎？這時我就盯著來往的人，看看能不能找到掉錢的人。過了好一會兒真是來了一個老大娘，邊走邊往地上看，像是在找什麼，我趕緊走上前問：「大姨，你在找什麼？」她說：「我就拿了 100 元錢來買東西，結果給弄丟了。」我一聽就高興了，趕緊告訴大姨是我揀到了。老人高興的說：「謝謝你啊！現在像你這樣的人不多了，我今天真是遇到好人了。」我說：「大姨別說是 100 元錢，就是再多的錢我揀到也不能留啊，因為我是修煉法輪功的，我師父教我們嚴格按照真、善、忍做一個好人，我們法輪功學員都是這樣的，您就謝謝我們師父吧！」

後來由於邪黨迫害，我失去了自己的攤位，又找了一份給人賣貨的工作，面試時我向那老闆說：「我是煉法輪功的，我們是修真、善、忍的，法輪功是被中共栽贓陷害的，法輪功書中都是講教人如何做一個好人，做一個道德高尚的人。你如果把貨交給我賣，你就放心吧。」那老闆說：「我接到過法輪功打來的電話，我知道你們煉法輪功的都是好人，行，我就找信真、善、忍的人給我賣貨。」

我每天賣的錢都得自己保管，月末再把帳單和錢交給老闆。有一次我管轄的貨物丟了一件，大概 200 多元，我就自己拿錢

按賣價給補上了。和我要好的同事說：「你可真傻，你看咱們店裡其他店員，人家都在想辦法多賺老闆的錢，你可倒好，不但不賺，還把丟的錢按賣價賠，你就自己把帳改一下不就行了嗎？要不你和老闆說一下，他也不能讓你賠的，現在真找不到你這樣的傻人！」

我笑了，我說：「我是煉法輪功的，不能那樣做，人家把貨交到我手上，我就得負責任，我們師父教我們按真、善、忍做一個好人，什麼事都得先為別人著想。」

同事感慨的說：「從你身上我看到法輪功真是好啊，現在像你們這樣的人真是太少了。」我說：「我把《轉法輪》這本書借給你看看吧，你看了這本書以後能給你帶來福份的，你不是一直沒有小孩嗎？在各大醫院不是也治不好嗎？你記住經常念『法輪大法好，真善忍好』這九字吉言，再把你曾經加入過的黨、團、隊給退了，你看看能不能發生改變。」

後來這個同事真的懷上了小孩，生下了一個健康可愛的寶寶，全家人都特別高興。

像我剛才講的丟東西的事情又發生了幾次，我都是按賣價補上了。說來也怪，每次把丟了的錢補上以後賣的更好了，我就掙得更多了（因我們掙效益工資）。像這樣的事情，在我們法輪功學員當中人人都能做到，這是最基本的。

# 看淡名利一身輕鬆

文 _ 大陸大法弟子

【明慧網 2016 年 1 月 20 日】我是 1997 年開始修煉法輪大法的，學法後，熟悉我的人都說：「你變了，法輪功把你變好了。」

我生長在普通的工人之家，兄妹共八人，我最小，全家人都比較嬌慣我，使我養成了驕橫跋扈，遇事不講理的性格，個人利益至上，凡事都得以我為中心，從不考慮他人的感受。我從小跟父親學理髮，後來以開髮廊謀生，有時隨意跟顧客要錢，多收幾元錢的事常有發生。

學大法後，明白了法輪大法教人向善，無論在哪個階層，在哪個崗位都應該做個好人，道德高尚的人，作為別人著想的人。於是我認識到宰顧客是不道德的，再不能幹這種壞事了。這以後我不但按標準收費，遇到困難的或孤寡老人就少收費或不收費。有的顧客沒帶錢或忘了給錢，我就當盡義務，為他們做點好事，過後我連想也不想這事。可我的收入卻一點也沒少，反而顧客在增加，無論我搬遷到哪裡，老顧客都追隨到哪裡。

通過我的改變，很多人都知道了法輪大法好，明白了世界各國都有人在學煉法輪功，唯獨中國大陸邪黨誣陷抹黑法輪功，打壓迫害法輪功學員，甚至活摘法輪功學員器官牟取暴利。如果不是這樣，中國人都在人心向善，哪裡會有當今那些腐敗官員，更不會有打砸搶黃賭毒的人。

修煉後不久，我和三姐坐在一起談心，我說：「三姐，今天我學大法了，如果不學法有件事我這輩子爛在肚子裡也不會說的。」我邊說邊哭。「你記得吧，幾年前，咱們姐妹四人（二姐、

三姐、四姐和我）去省城逛商場，晚上住在旅店裡，趁你去廁所的機會我偷了你 100 元錢，是因為我們倆一起理髮時，你本來是跟我學徒的，可我收的一個徒弟他交的學費和一百個雞蛋，你趁我不在時據為己有，氣得我老想報復你，平時我們倆掙的錢我總是想多占有，那次我可找到機會偷回 100 元錢，出氣了。今天大法師父用真、善、忍教我們修煉心性，我認識到自己錯了，我一定按大法歸正自己的言行，今天把這 100 元錢還給你。」

三姐看到我的真誠和變化，她流淚了，並說：「我也不對，我不應該拿不屬於自己的錢和物。」這時我感到特別輕鬆，以前在名利上爭啊鬥啊，姐妹間都勾心鬥角何況與別人哪。現在學了法輪大法，把名利看淡了一身輕鬆，在利益上寧可讓別人多得，自己少得也快樂，與他人相處更融洽和諧了。

98 年夏天，我得法不到一年，兒子剛五歲，晚上從學前班放學回來，自己在外面玩，天濛濛黑時，我也剛給顧客理完髮，就聽店外不少人在嚷嚷什麼。我出門一看，我兒子怎麼在一輛停在馬路上的麵包車底下從後往出爬哪，圍觀的人你一句他一句的，有的說，「快看看，孩子撞壞沒有？」有的說，「嚇死人了，把孩子都撞車底下了，快送醫院吧！」……可我看看司機說：「沒事你走吧！」孩子的頭有點燙，哪也沒傷著，真的啥事也沒有，第二天早晨頭也不熱了、正常上學去了。

人們到店裡問長問短，一個知情的司機豎起大拇指說：「嫂子你真行，也就是你們學法輪功的，換個人最少要他 1000 元錢，才能讓他（麵包車司機）走。」我說：「我怎麼能那麼做呀，司機也不是有意的，要人家的錢能好花嗎，我學大法的更不能那麼做了。」通過這件事，街頭巷尾的人們都知道法輪大法好。

# 按眞、善、忍做事 化解矛盾

文 _ 河北大法弟子英蓮

【明慧網 2016 年 2 月 6 日】近幾年，我和丈夫在外地女兒家住。我們在農村老家留有一處老房，在一次暴風雨中，老房破漏。知道之後，我和丈夫回到老家，想拆舊蓋新。出於禮貌和尊重，提前和左右鄰居打了招呼。當時，他們都沒說什麼，同意。

拆完房，準備蓋時，問題出來了，鄰居阻擋著不讓蓋。他們都知道，我家縣城有樓房，本村另有一處平房。兒子、女兒大學畢業後，在大城市都有份好工作，也都成了家，蓋好也沒人回來住。我丈夫（未修煉法輪功）老實，又不愛攤事兒，但脾氣很固執，老想和他們理論。

我是修煉人，和丈夫商量：這事我來處理吧。我慈言善語的和左右鄰居商量，最後同意我們把房蓋上。

三十多年前，左鄰居蓋房的時候，占我婆家房地基半尺多，婆婆不同意，整天為這事兒吵架。那時，我們剛結婚，丈夫當兵不在家。當時，左鄰居大兒子是村長，在我婆家不同意的情況下，硬把房子蓋上，留下了後患。

我家拆完房，左鄰居又使招兒，不讓我們蓋。我和丈夫一起去左鄰居家，他不在，我們直接去了他二弟家。一進門，左鄰居正在他弟家坐著。我禮貌的說：「大哥在這兒呀，是說不讓我們蓋房？」他說：「是不讓蓋，就是不讓蓋。」我說：「為什麼呀？」左鄰居說：「因為你婆婆。」我笑了笑說：「她都去世這麼多年了，何必呢？」左鄰居又說：「我沒錢，也不和你們打官司，反正我

243

也不想活了，我也活夠了（左鄰居兩個兒子一個女兒，兩年內都是白髮送黑髮）。」

想到這兒，我心一酸，太可憐了，真的太可憐了。我低聲說：「打什麼官司，有錢咱也不打官司。要打官司，你家還得把房子拆了（因占我婆家半尺多地基），那你們不就更虧了？」我話音剛一落，他二弟說：「不讓蓋房不行。」左鄰居看了看他二弟說：「那就蓋，那你們再留三公分，三公分就行。」這樣，我們寬容、忍讓，又讓他家三公分。終於順利把房子蓋完。

再說右鄰居。我和丈夫不在家時，不知什麼時候，把我家內院 30 米左右的石頭牆的石頭拆走了，院牆內還有一棵老香椿樹也給砍掉了。不但沒通知我們，把拆牆的石頭沿著他家房邊自己壘起一道牆，而且刀把形的，只留下一條地基和用土埋起的大樹根。看到此情，我不為所動。

但我家蓋完房，外牆裝修時，靠右鄰居西大山（房體側牆）必須得用沙灰磨平。麻煩又來了。右鄰居在我家西大山下邊堆了亂七八糟的東西，怎麼也不讓幹活兒的人動。不動就沒法幹活兒。這時，給我家幹活兒的一個年輕人就和右鄰居吵了起來。我丈夫怎麼說也不行。最後只好用繩子架起了木板，把上半截磨平為止。

當我家準備把院牆內刀把形的內牆壘成直線時，右鄰居站在他家壘的牆上指手畫腳不讓幹活，人們只好停了下來。這時，丈夫壓了一肚子的火全迸發出來，嘴上罵著，一手拿一塊磚正要向右鄰居砸去。我過去攔住丈夫的手，磚沒有投出去。

鄰居知道我是學大法的，要做好人，認為可以欺負。我面對右鄰居說：「壘我家大牆跟你有什麼關係？你家把我家內牆拆了，大樹也砍掉了，我們一字沒提，你到底想怎麼樣？」右鄰居瞪著

兩隻大眼望著我，裝傻的說：「誰看見你家大牆？你家大牆在哪兒？」我不想激化矛盾，不說話了，心平氣和的對幹活兒的人說：「大家幹活兒吧，該幹啥幹啥。」大家邊幹活邊說：「太欺負人，你們太老實了。」我笑了笑說：「我們是學大法的。」一個老年人說：「第一天來，我們就知道這是好人家，給這樣人家幹活兒累點也痛快。」

不知什麼時候，右鄰居從大牆上下去了，沒有了威風。一場風波消失了。我家牆成了直線。雖然院子窄了點，但看上去挺順眼。

在建房的過程中，不管是木工、電工、水工、瓦工、打房頂的、拉沙土的，所有人都明白了大法真相，做了三退。在我送他們真相資料時，一個個都愛看。有的罵共產黨，有的罵江澤民不是東西，把中國弄成這個樣，大官大貪，小官小貪，真夠上一個大貪官總教練。大夥聽了都哈哈大笑。

因為我是修大法的，事事按真、善、忍標準要求自己，我和左右鄰居關係越來越近，又恢復了往常一樣。

令家竊密詳情　習近平大驚

# 第十章

# 中共經濟間諜落網記

2014 年 5 月中旬，美國《紐約客》（New Yorker）連續刊登兩篇美國反諜戰文章，披露了當年美國聯邦調查局（FBI）偵破麥大志和鍾東蕃兩大間諜案的祕辛。其破案情節曲折離奇，手段隱祕，堪比好萊塢間諜大片。

在成功破獲鍾東蕃案之後，麥大志案成為 FBI 針對中共反間諜行動歷史上的一個里程碑。圖為 FBI 於 2014 年 2 月所做的一場演習。（AFP）

## 第一節

# 麥大志、鍾東蕃間諜案大曝光

　　麥大志（Chi Mak）間諜案是美國聯邦調查局（FBI）歷史上規模最大的反間諜行動，調查起始於 2004 年。FBI 經過一年多對麥大志夫婦的緊密監視，最終起獲麥大志以及其弟麥大泓（Tai Mak）將敏感技術交給中共的證據。2007 年 3 月，麥大志和麥大泓被美國聯邦法庭起訴，罪名是涉嫌竊取美國海軍機密情報交給中國、為外國政府做代理人但未經登記以及偽證罪。

　　歷經一年多時間的審判，2008 年 3 月 25 日，麥大志被加州聯邦法院判處有期徒刑 24 年半。4 月 21 日，麥大泓因密謀將美國敏感潛艇技術資料傳遞給中共特工被判刑 10 年。麥大志妻子趙麗華（Rebecca Mak）被判刑三年，期滿後將被驅逐出境。麥大泓妻子李伏香（Fuk Mak）及其子麥友（Billy Mak）以「為外國政府做代理人但未經登記」的罪名認罪，被判驅逐出境。

調查開始時，FBI 針對中共的反間諜行動聲名不佳。在麥大志案之前，聯邦政府因起訴李文和（Wen Ho Lee）失敗而受辱。這個案子甚至被一些人當作種族偏見的典型。但是在成功破獲鍾東蕃案（Dongfan Greg Chung）之後，麥大志案成為 FBI 針對中共反間諜行動歷史上的一個里程碑。該案還顯示，中共間諜正在偷竊美國的技術機密。

FBI 認為，鍾東蕃可能確因出於對中國的熱愛而主動為中共服務，但是麥大志卻是一個中共情報機關安插在美國的特務。麥大志從 1988 年開始在位於加州安納海姆（Anaheim）的「完美動力」公司（Power Paragon）工作。該公司是美軍國防承包商，負責為海軍開發電力系統。FBI 懷疑麥大志已經向中共提供敏感技術多年。

## 初露端倪

當 FBI 接到完美動力公司關於「可能間諜活動」的舉報時，針對麥大志的調查正式開始。負責此案的特工是蓋洛德（James Gaylord）。因為洩密技術牽涉海軍，海軍罪案調查局（NCIS）的特工也參與了。麥大志受到全面監控。調查人員在其位於唐尼市（Downey）的住房附近安裝了隱蔽攝像機監視他的一舉一動；探員小組不管他到哪裡都會跟蹤。他所有的電話都被錄音。

麥大志當年 64 歲，個子不高，但是很有活力。他是完美動力公司的模範員工。很多同事經常找他幫忙解決問題。麥大志總是熱情的幫忙，而且看上去熱愛工程學。但他對美國生活的融入僅限於公司。他和他的妻子趙麗華過著平靜的生活，很少和鄰居

社交。趙麗華是個憂鬱古板的女人。在美國的 25 年中，她的英語一直很糟糕。除了早上單獨在社區步行之外，她和麥大志總是形影不離。

祕密錄音顯示，麥大志和趙麗華在家裡閒聊的時候總是談論中國政治，說毛澤東像史達林一樣被歷史誤解。毛澤東思想對麥大志的影響也許可以從其艱苦樸素中看出來。他們用報紙墊在餐桌上，吃完飯就把報紙捲起來扔掉。每個星期六早晨，麥大志夫婦會開車去一家加油站，用那裡的免費刷子和紙洗車。然後他們會去一個建材商店，在賣木材的區域停留幾十分鐘。起初，探員們以為他們在那裡交付情報。後來才發現，該商店在那個時段提供免費咖啡。

## 夜襲

2004 年 9 月的一天，蓋洛德開車到達唐尼市高速公路附近的一個兒童遊戲場。有十幾名 FBI 特工已經在那裡等候，還有來自東海岸的一個小組。這個小組的特長是祕密進入被調查對象的住房而不被察覺。當夜，他們準備對麥大志家進行祕密搜查。麥大志和趙麗華在阿拉斯加度假。這給了調查人員一個機會。趁麥大志夫婦不在家，他們獲得法院許可搜查其住所。

探員們已經監視麥大志的居所數星期之久，並研究附近鄰居的活動規律。麥大志的隔壁鄰居每天清晨三點鐘要起床上廁所。他會經過一扇窗戶，可以看到麥大志家裡的一部分。麥家房後一家的狗叫聲很大，其對面鄰居每天清晨四點會出門抽煙。如果任何人報警，這次祕密搜查就無法保持祕密。麥大志會察覺。如果

他真的是間諜，想要找到證據就會更難。

　　午夜將至，蓋洛德和兩名探員登上了一輛雪佛萊小客車。車裡的中排和後排座位已經拆掉。這輛車的外觀同麥氏夫婦的小客車一模一樣。鄰居們看到也不會起疑。特工們平躺在車後，在街道上只能看到駕駛員。在收到監控組的信號後，小客車離開了兒童遊戲場，停泊在麥家居所附近。

　　東海岸的特工小組已經進入麥家。蓋洛德輕輕打開房門進去，兩名探員緊跟其後。他們靜靜的站著，讓自己的眼睛適應黑暗的環境。周圍的一切都覆蓋著厚厚一層灰塵，包括茶几上的一架模型飛機和走廊裡的吸塵器。在昏暗之中，蓋洛德看到前門、餐桌上和辦公室中到處都堆放著文件，有幾摞高達 60 公分到 1 米之間。

　　探員們開始給那些文件照相，並小心的按原狀放回去。文件中有美國海軍船隻動力系統的說明書和設計圖以及正在研發中的新海軍技術的構思。其中一組文件包括美軍維吉尼亞級潛艇的信息，說明如何掩蓋潛艇推進器的噪音以及如何在水下發射防空武器。探員們還拍攝了其他圖片，比如麥氏夫婦的稅表、旅行文件以及麥大志的聯繫人名單，其中包括幾名居住在加州的華裔工程師。在這個名單中，FBI 首次注意到了鍾東蕃的名字。

## 難兄難弟

　　FBI 對麥大志的弟弟麥大泓也進行了監視。麥大泓於 2001 年從香港移居美國。移民前，他曾在香港中資背景的《鳳凰衛視》工作。赴美後，他在《鳳凰衛視》美洲台擔任工程部高管。他居

住在加州阿罕布拉（Alhambra）市，離麥大志居住的唐尼市只有不到 20 英里。麥大泓和妻子李伏香以及一子一女生活在一起。

李伏香和趙麗華無法相處，經常向自己的丈夫說對方的壞話。但是兩個家庭每隔幾星期就會聚一聚，通常是在華人聚居的阿罕布拉市一家中餐館裡。他們談論最多的話題是李伏香的年事已高、獨居在廣州的母親。李伏香和麥大泓擔心她的健康狀況，他們依賴一個名為浦裴亮（音譯，Pu Pei-liang）的朋友不時去看望李母。浦據說是廣州中山大學亞太研究院的學者，但該院查無此人。

每周探員們都會檢視麥大志和麥大泓家的垃圾。蓋洛德說，這可不是件有趣的差事，特別是在加州的夏天。多數時候蓋洛德手下的年輕探員負責這件事。在一個停車場裡，他們把垃圾鋪開，然後逐項檢查。

垃圾搜證和監控持續了數月，但卻未能發現任何證據，直至 2005 年 2 月的一天，一名會講中文的年輕探員莫莉（Jessie Murray），在麥大志家的垃圾中發現了一些撕碎的紙片，上面寫有中文字。莫莉把這些紙片放在塑膠袋中，帶回辦公室分析。

探員們像玩拼圖遊戲一樣把這些紙片拼接起來，組成兩份文件，一張手寫，一張是列印的。NCIS 探員諾奎斯特（Gunnar Newquist）在其中一份文件的下方看到了手寫的「DDX」字樣。他說，DDX 是海軍一艘驅逐艦。

後來發現那份手寫的文件是一份海軍技術和項目的清單，其中包括潛艇推進技術以及防核武器、防化學武器和防生化武器系統等等。列印的文件中是如何在會議上收集信息的說明。蓋洛德確信，這是中共情報機關的任務清單。

　　2005 年 10 月，FBI 在麥大志居所的餐桌上方祕密安裝了攝像機。幾天後的一個周日早晨，探員們看到麥大志坐在餐桌旁邊，將一張光盤放進其筆記本電腦的光驅，並和趙麗華談論他正在拷貝的信息。那些信息全都和美國海軍有關，包括一份有關開發靜音潛艇的文章。這正是麥大志在完美動力（Power Paragon）公司負責的項目。

## 出逃

　　調查人員翻閱了上一周的電話錄音，發現麥大志和麥大泓準備在下周五離開加州回中國。他們還發現了麥大泓和浦裴亮的通話記錄。麥大泓的開場白是：「我是北美紅花」。麥大泓告訴浦裴亮，他將去中國參加廣交會，並將帶一名助理同行。浦裴亮指示他到達廣州機場的時候，用浦先前給他的一個電話卡打電話。

　　第二天，李伏香和麥大泓談論起即將到來的旅行。李伏香問他們是不是要像過去一樣給麥大志帶一大堆文件。麥大泓安慰她說，這次他們只需要把信息放在浦裴亮給他們的計算機裡。

　　李伏香和麥大泓在洛杉磯機場被捕。安全人員在他們的行李中發現了包含有麥大志拷貝文件的加密磁盤。當天夜裡，麥大志和趙麗華在準備睡覺時被 FBI 逮捕。

## 罪與罰

　　審判中，聯邦檢察官稱麥大志是一名中共訓練的間諜，開始時在香港擔任中共情報員。法庭文件說，其第一項任務是在越南

戰爭時期監控美國海軍停泊在香港船隻的動向。麥大志在其姐開設的裁縫店工作期間，極有耐心地完成了這項工作。

NCIS 探員諾奎斯特作證說，在麥大志被捕後，他和另外一名 NCIS 探員曾向麥大志問話。麥坦承自己從 1980 年代早期就向中共提供商用和軍事科技信息。但是麥大志否認曾經供認過。

2013 年，《科學》（Science）雜誌記者巴塔卡吉（Yudhijit Bhattacharjee）專程採訪了關押在加州朗伯克（Lompoc）聯邦監獄的麥大志。麥不僅否認自己為中共情報機構工作，還否認鍾東蕃是中共間諜。他聲稱他們受到聯邦調查人員的不公正對待，這是美國執法機構反華政治運動的一部分。他說，他在 70 年代移民美國的原因不是來當臥底特工，而是進修和了解世界。他還長篇大論的提到 1980 年代一種他幫助設計的航空發動機。

當被問及為什麼他的垃圾中包含有軍事技術清單時，麥大志平靜下來。他說，他在侄子麥友從中國帶回的一本關於中醫的書中發現了那個清單。他說，也許有人想利用麥友。那麼誰想利用他？麥大志變得不安和沉重。他說，也許是浦裴亮。他堅持說，他對那張清單做的唯一事情是把它撕碎。

麥大志承認，他過去曾給浦裴亮發送過文章，但都是公開文獻。他在麥大泓試圖回中國之前給他的光盤也沒有任何敏感信息，並指責聯邦檢察官誇大了其重要性。至於光盤要給誰，麥大志瞇起眼睛，似乎想要記起什麼。他說：「我不確定」。

**美媒揭祕 FBI 破獲鍾東蕃間諜案**

美國 FBI 在調查麥大志間諜案期間，循線追出了與麥大志多

次見面的華裔工程師鍾東蕃。隨後 FBI 針對這位前波音公司工程師展開調查。

2008 年 3 月 25 日麥大志被美國聯邦法院判處有期徒刑 24 年半及五萬美元罰金。

2009 年 7 月，鍾東蕃被捕，隨後被裁定犯有經濟間諜罪。2010 年 2 月 8 日，時年 74 歲的鍾東蕃被判刑 15 年 8 個月。他被指在 30 年期間總共偷了 30 萬頁資料，同時被指控向中國提供美國的航太飛機、火箭推進器及 F-15 戰鬥機等航太軍事情報。

鍾東蕃出生在中國大陸，1962 年由台灣移居美國，1973 年至 1996 年在洛克威爾（Rockwell）國際公司任職結構工程師，1996 年洛克威爾旗下的國防與太空部門被波音公司併購，他轉往波音公司工作。鍾東蕃在波音工作到 2002 年退休，後又以合同工身分重返波音一直工作到 2006 年。

## 一封來自中國官員的書信

鍾東蕃在 50 年多前抵達美國時，擱置了這個中文名字，而多用 Greg Chung。

FBI 開始約見鍾東蕃，鍾告訴 FBI 探員，他和妻子王陵嘉每年跟麥大志夫婦出外共進晚餐一至兩次。因為麥大志是一名電子工程師，不是結構工程師，他們從未談論過工作。

幾個星期後，FBI 探員到麥大志家又進行了一輪的搜查。在一堆舊銀行帳單裡，他們發現一封複印的信件，用中文寫的，使用的是北京飯店的信紙。這封信出自中國航空部的顧為浩（Wei Hao Gu，音譯）之手。日期為 1987 年，收信人不是麥大志，而

是陵嘉和鍾東蕃。

在信中，顧讓鍾收集情報，幫助中國發展航太項目。顧在信中說，中國已經啟動了一個計畫，建立環球太空站，而顧正在尋找相關的技術知識。「為收集或購買情報所發生的費用，我會想辦法親自用現金支付給你……」

顧為浩讓鍾去廣州，在那裡他們可以商量一些技術上的事情，他說：「這一私下碰面將會是安全的。」因為鍾是一名美國公民，顧建議他申請一個旅遊簽證，以「探親」名義申請。顧最後得出結論說：「你能夠為你的國家服務，實現你的願望，是你的榮幸，也是中國之幸。」

## 丟棄機密文件

在發現那封信後，鍾東蕃被 FBI 鎖定為一名間諜嫌犯。FBI於是開啟了一項新的調查，由 FBI 探員 Kevin Moberly 負責。

2006 年 8 月的一天，Moberly 凌晨兩點醒來，和另一位 FBI探員 Biill Baoerjin 駕車到了鍾東蕃所居住的社區，停在距離鍾家不足 100 碼的 Grovewood Lane 街道上。他們坐在車裡，掃視了周圍的街區。之後，在黑暗中，借助車燈，他們在鍾家門口的兩個垃圾箱附近發現了一捆中文報紙。他們把報紙帶回了辦公室。

夾在報紙裡的是洛克威爾公司和波音公司的技術資料。FBI判斷，鍾看起來像是在清除家裡的敏感文件，可能擔心受麥大志案牽累，鍾已經開始有所動作。

FBI 探員 Moberly 和 Baoerjin 隔周又去鍾家附近做了一次搜查，這次他們換了一個戰術。為了避免被發現，他們讓垃圾車司

機離開鍾家後，在某個地方，將鍾家的垃圾轉移給他們。

接下來的那一周，一天，鍾東蕃一大早就推出了一個塞得滿滿的再循環垃圾箱，將之置於兩個普通垃圾箱之間。FBI 截獲到這批「垃圾」後發現，那裡藏有波音公司的商業機密文件。

## 將公司機密文件帶回家中

9 月，FBI 探員到鍾家約鍾談話。他們先跟鍾談了一個小時有關麥大志的事情，隨後 FBI 探員切入主題，問了鍾與顧為浩的關係，鍾否認顧曾指示他做事。FBI 探員拿出了顧的那封信，放在咖啡桌上，讓鍾用英文讀出信的內容。

FBI 探員又問他：「你的家裡是否還有一些你不該持有的資料？」FBI 讓鍾簽署了一份同意書，允許 FBI 人員搜查他的家。

FBI 在鍾的家中搜到了很多美國軍事飛機的設計手冊，包括 B-1 轟炸機，C-7 軍用貨機，F-5 戰鬥機，Chinook 47 和 48 直升飛機。

面對這些軍事機密，鍾東蕃沉默無語。

搜查進行了一整天，FBI 發現鍾家的壁爐裡也有未燃盡的軍事機密。到了晚上，他們搬走了 150 箱資料。

FBI 探員 Moberly 離開鍾家時，在鍾家門口的車道上遇見了鍾東蕃的兒子 Shane Chung，他的兒子對 Moberly 說：「父親的心被中國牽去太多。」「他需要重新擺正他效忠的對象。」

# 第二節

# 華裔科技人員充當間諜

## 盜通用汽車機密 華裔夫婦被判刑逾一年

2013 年 5 月，前通用汽車工程師夫婦被控偷盜數千頁混合動力技術的案件周三宣判，杜珊珊（Shanshan Du，音譯）僅僅被判監禁一年零一天，她的丈夫秦玉（Yu Qin，音譯）則被判處三年刑期。兩人的刑期遠低於聯邦檢察官尋求的懲罰。他們被控，密謀攜帶商業機密回中國。

杜珊珊兩眼淚汪汪的表達悔恨，她的右臂和右腿在發抖。美國聯邦地區法官 Marianne Battani 說，經濟間諜是一個嚴重的犯罪，但是她也提到杜珊珊的健康問題。

聯邦刑期指南要求判處杜珊珊和她丈夫秦玉至少六年半的刑期，但這些指南不是強制性的。秦玉也是一名工程師，被判決三

年監禁。他們將在夏末開始服刑。

秦玉告訴法官：「這是我的錯，我希望承擔全部責任。我對所有發生的事情感到抱歉。我感到羞愧。」

54 歲的杜珊珊 2012 年秋天被控，密謀和未經許可持有商業機密。52 歲的秦玉也被控同樣的罪名，另外還有欺詐和妨礙司法。

政府指控杜珊珊尋求在通用汽車公司內部轉換職位，以獲得混合動力技術。政府說她 2003 年末開始拷貝文件。在 2005 年在公司通知解聘她之後的五天內，拷貝了數千份文件。

在那個夏天，秦玉告訴他人，他已經達成一個協議，給在中國的通用汽車的競爭對手提供混合動力技術，並且已經開設了他自己的公司——千禧年國際技術公司。

杜珊珊在法庭上說：「對不起。再一次，我作出錯誤的決定。這造成了我遭受這些痛苦。」

杜珊珊的健康問題包括癌症、帶狀皰疹（shingles），憂鬱和焦慮。她告訴精神健康專家，當 2006 年聯邦調查局（FBI）搜查她在底特律郊外的家時，她回想起她兒時在中國「文化大革命」當中被迫害的可怕記憶。

美國助理檢察官 Cathleen Corken 要求判決這對夫婦至少六年半。她告訴法官，杜珊珊不值得「輕判」，因為她在盜竊通用文件案中扮演的「重要的」角色。檢察官也試圖反擊辯護律師懇求同情的言辭。

「這不是過時的技術。」Corken 說：「通用繼續在混合動力汽車當中使用這個技術。」

杜珊珊和秦玉在 1984 年來到美國。他們都有碩士學位，並且幾乎快完成博士學位。

## 潛伏日本數十年 中共間諜 007 被逮

2015 年 3 月，正當中、日、韓外長為改善關係而舉行四年來首度會談之際，日本爆出中共間諜事件。日本媒體稱，一名潛伏在日本經營貿易公司的中國男子於 3 月被拘捕，警方指他與中共解放軍總參定期聯絡，又與日本多家精密機械工廠負責人交往，懷疑他是總參間諜，為中共解放軍竊取可轉軍用的尖端技術。

日本產經新聞引述警方消息稱，被拘捕的男子 62 歲，1970年代畢業於解放軍洛陽外國語學院。該學院被稱為「中國 007 搖籃」，是專門培養間諜的學校。1970 年代畢業的一批更非常幹練，很多從事外國搜集軍事情報活動的同時，還培訓新一代間諜。

報導稱，該男子 1976 年首次到日本，而後在大阪外國語大學留學，1978 年畢業後頻繁往來於中國和日本，1993 年在大阪一友人的公司任職。2004 年在大阪設立貿易公司，並自任社長。但他仍以中國為據點，每月只到日本一至兩次，每次逗留一星期。

據知情人士透露，日本警察對該男子監視已久，發現他與中共解放軍總參謀部保持定期聯絡，並指他與總參的情報部、技術偵察部、負責網路戰的電子對抗部，以及中共解放軍負責對外政治工作的總政治部聯絡部共四個部門都有聯繫，因此認定他是總參間諜。日本警察基於他反復接觸日本精密機械業人士，懷疑他是想獲得可轉軍用的尖端技術。

報導稱，由於日本沒有「反間諜法」，故而不能以懷疑從事間諜活動拘捕他問話，但警方指他的兒子實際居於大阪市都島區，他 2008 年 10 月替兒子向日本政府登記資料時，卻把兒子住址填寫為東京都江戶川區，於是就以他虛報資料、「違反外國人

登錄法」的罪名於 2015 年 3 月 2 日將他抓捕，並搜查他在大阪的公司和住所，查扣他多部計算機和大量文件。

產經新聞稱，中共間諜擅於不動聲色地放長線釣大魚，招攬當地華人和日本人為他們搜集情報。他們也很有耐性，就像到沙灘曬太陽的泳客，將沙子（情報）一點點帶在身上，所以較少被發現。日本戰後只抓到七宗中國間諜案，與北韓的約 50 宗和蘇俄的約 20 宗相比，數目要少得多。

報導說，早年中共間諜以搜集軍事、科技情報為主，2003 年就有日本前自衛官被揭出提供軍事防衛資料給中國駐日大使館官員；近年，醫療、農業等民生情報也會搜集，2007 年 2 月，就有大型車廠中國籍工程師偷取公司產品情報回國而被拘捕；2012 年，中國駐日本大使館一等書記官李春光則被指盜取日本農林水產省機密。

而調查人員此次取得中共間諜的計算機有如「寶山」，可望從中掀開中共間諜活動真實情況的面紗。

## FBI：中共是威脅美國的最主要經濟間諜

美國情報界官員說，來自於中國大陸的間諜在竭盡全力地盜竊美國企業的關鍵信息。聯邦調查局 2014 年公布了該機構當年對此所做的調查，顯示經濟間諜案例數量急劇飆升，比一年前增加了 53%。

據《福克斯》報導，聯邦調查局反情報部門負責人科爾曼（Randall Coleman）表示，中共當局認可的企業盜竊是問題的核心。他說，從經濟間諜活動來看，北京是美國面臨的最主要威脅。

而聯邦政府的數據似乎也顯示這個問題相當嚴重，最近 FBI 對美國165家公司的民調發現，95%的經濟間諜案件的罪犯是中共。

官員說，盜竊商業機密和知識產權僅僅在 2014 年一年就導致美國經濟數千億美元的損失。經濟間諜的其他重要目標是美國軍事技術和一切專利信息，包括從超導體到雜交穀物種子。

聯邦調查局反情報部門主管之一查普爾（Dean Chappell）稱，被盜竊的信息是全方位的，不僅僅是軍用飛機高端電子設備，不僅僅是聯合轟炸機的東西。它是人們日常見到的所有東西。

美國官員表示，經濟間諜傳統模式發生了變化，今天的經濟間諜主要是潛伏在組織和機構內部。

國家反情報安全中心主管伊萬尼那（William Evanina）說，他們觀察到這樣的個人在美國擔任教授、工程師、國際學生和商人。官員們也警告網路手段被用來劫持知識產權和商業機密。

眾所周知，來自中國的行動者大規模採用釣魚方式哄騙公司內部雇員點擊被感染的鏈接或附件。如果成功，行動者可以獲得該公司的電腦的關鍵數據。

由於中共觸犯私人企業利益，它在多個場合遭到奧巴馬政府的公開批評。美國經濟學家指責北京在世界經濟舞台上製造了越來越多的不公平競爭環境。

## 美國華裔經濟間諜案頻發 下場悲慘

從 2009 年到 2013 年期間，美國司法部至少處理了 20 起商業間諜案，這些間諜案多數與中國有關。經濟間諜在美國活動猖獗，已經引起美國和國際社會的高度關注，也引起了海外華人的

反思：為做間諜，葬送自己的前程，值不值得？

2013 年 5 月 20 日，美國聯邦紐約南區檢察官巴拉拉（Preet Bharara）與聯邦調查局（FBI）助理局長韋尼澤洛斯（George Venizelos）宣布，三名紐約大學華裔研究人員被控接受來自中國公司及政府研究機構的賄賂，洩露他們由美國政府資助的磁共振造影（MRI）研究成果。

如果罪名成立，這三名華裔男子將面臨商業賄賂密謀的指控，其刑罰可能長達五年監禁。其中，紐約大學副教授朱宇東還被控在申請研究經費時在利益衝突上說謊，最高可被判刑 20 年。

巴拉拉說：「這是一個邀請狐狸在雞舍工作的陰謀。這些被告非法獲得聯邦政府研究經費，然後從事間諜活動，以非法獲取這些實體的利益。……該辦公室將不會被容忍。」FBI 助理局長韋尼澤洛斯則說：「保護我們國家的技術和知識產權是 FBI 的首要任務之一。」

2011 年 11 月，美國國家情報總監發表的有關外國從事工業間諜活動的報告稱：「中國的工業間諜是世界上最活躍、最持久的罪犯活動。」報告說，2010 年有七起美國經濟間諜案，其中六件都與中國有關。

最近幾年，每隔一段時間，就會爆發一起在美國的經濟間諜案，其中多名華裔間諜被判監禁。

2013 年 12 月，紐約聯邦儲備銀行（Federal Reserve Bank of New York）前中國電腦工程師張波（音譯）因竊取銀行軟件被判處六個月居家監禁，這是三年監督釋放判決的一部分。張波將可能在刑滿後被驅逐出境。33 歲的張波在 2011 年夏天擔任紐約聯邦儲備銀行合約雇員時期，非法複製「政府會計與報告程式」。

該電腦程式用於追蹤美國政府的財務狀況，開發成本950萬美元，為美國財政部所有。

2012年11月，前通用汽車（General Motors Co.）工程師杜姍姍（音）和丈夫秦裕（音）在底特律被判有罪，原因是他們竊取了公司混合動力技術的商業機密。他們計畫將這些機密用於一家中國汽車製造商參與組成的合資公司。

2012年9月，劉思星（音）因向中國輸送美國的軍事技術在新澤西的聯邦法院被判有罪。他從雇主L-3 Communications Holdings Inc.那裡竊取了數千份電子文檔。

2012年8月，前摩托羅拉公司（Motorola Inc.）工程師金韓娟（Hanjuan Jin，譯名）因竊取摩托羅拉的專利技術iDEN，在伊利諾伊州被判處四年監禁，她竊取該技術是為了供自己和一家為中國軍方工作的企業使用。金於2007年2月28日在芝加哥機場被拘留，海關人員發現她攜帶了1000份摩托羅拉公司的文件，3萬美金和去中國的單程機票，進行經濟間諜活動。

2012年3月，前杜邦公司（DuPont Co.）科學家Tze Chao在加州對從事商業間諜活動指控表示認罪，他承認把二氧化鈦的生產技術提供給了一些由中國人控股的企業。

2012年1月，前賽諾菲‧安萬特（Sanofi-Aventis）藥劑師李苑（Yuan Li，音譯）在新澤西認罪，承認自己通過一家中國化學品公司的美國分公司出售了這家藥劑公司的商業機密。李苑在法院上承認，在2010年1月至2011年6月間，她偷偷下載與某些化合物相關的關鍵信息到自己家中的電腦，然後把竊取的情報張貼在Abby PharmaTech公司的公共網站上。

2011年12月，原Valspar公司的化學家李嚴（David Yen

Lee，譯名），因竊取商業機密給中國雇主，被芝加哥聯邦法官判處 15 個月的監禁，並下令要他歸還 3 萬 975 美元。他從 Valspar 公司的系統中下載的油漆公式，價值高達 2000 萬美元。

2010 年 11 月，福特汽車公司（Ford Motor Co.）工程師郁向東在密西根州對竊取商業機密的指控表示認罪。郁向東把 4000 份福特的檔案拷貝到一個外部硬碟，其中包括敏感的福特設計檔案，並將這些檔案提供給了中國的新雇主。郁向東被判處將近六年監禁。

2010 年 10 月，前陶氏益農公司（Dow AgroSciences）研究員黃科學（Kexue Huang，譯名）因為從事商業間諜活動被判處七年以上監禁。在法庭上，他還承認竊取了 Cargill 公司的商業祕密輸送到中國。據美國司法部的估計，黃科學的行為會造成超過 700 萬美元的損失。

2009 年 7 月，前波音工程師鍾東蕃被控盜竊美國太空梭機密資料給中國，將面對可能最長可達 90 年的刑期。檢察官指出，鍾東蕃早在 1970 年代就已開始從事經濟諜報活動，他曾多次前往中國。據了解，當局是在調查另一名美籍華裔工程師麥大志（Chi Mak）偷竊美國海軍潛艇敏感技術資料時，揭穿了鍾東蕃的間諜身分。

在提到關於商業祕密的案件時，FBI 紐瓦克地區主任瓦德說：「這些案件都屬於聯邦調查局的最高優先級，與反恐案件同一層級。」

## 做間諜下場最慘

一些華裔傑出人才充當間諜，葬送了自己的程前，也引起

了海外華人的反思。著名作家曹長青曾發表文章《做間諜下場最慘》，文中說，2010 年美國抓獲十名俄國間諜事件為例，成為引人注目的國際新聞，因這是冷戰結束以來，美國破獲人數最多的外國間諜案。

目前 14 名美俄被捕的間諜，通過交換的方式各自回到自己服務的國家，獲得自由。這種「交換間諜」，可能會讓間諜們羨慕萬分，因為在中國，無論多少間諜被抓，當局從來都不予承認，更不要說像美國，甚至俄國這樣，交換間諜，把自己的人要回來。在人類間諜史上，中國間諜的命運，可能是最悲慘的。

他舉例說，金無怠 1944 年就被收為間諜，潛伏在美國情報機構長達 37 年。1985 年金無怠被捕後，承認是間諜。但當局就是不承認金是其屬下特工。根據起訴的罪名，金無怠「將面對最高兩次終生監禁和另外 83 年徒刑」，最後金無怠絕望至極，在囚室內用塑膠袋包頭，用鞋帶勒緊，窒息而死。

# 第三節

# 中共軍方的駭客間諜

2015 年 6 月 13 日（周六），美國官員證實，美國聯邦政府人事管理局（OPM）遭受到中共駭客網路攻擊和大量重要數據被盜，有如網路版的「911」事件。（AFP）

## 不宣而戰 中共發動網路版「911」

2015 年 6 月 13 日，美國官員證實，中共網路駭客入侵了美國聯邦政府人事管理局的網路，美國 1400 萬現任和退休文職人員包括家庭、喜好等一切信息都被中共駭客掌握！連搞間諜的數百萬情報人員的信息也被偷走！

這對美國的安全防範系統來說，無異於是晴天霹靂，頓時美國上下一片譁然，驚呼這是網路版的「911」！這是虛擬世界的偷襲珍珠港！是不宣而戰的網路戰爭！

這一連串的大規模網路攻擊，使得美國政府和軍事系統受到潛在損害的危險大大加劇。6 月 13 日（周六），美國官員證實，美國聯邦政府人事管理局（OPM）遭受到中共駭客的重大網路攻

擊和大量重要數據被盜。

被竊取的信息一直可以追溯到上個世紀 80 年代，而且被洩露的信息涉及部分美國中央情報局（CIA）、國家安全局（NSA）和軍事特種部隊人員。

除了現任、前任和退休的聯邦僱員的個人信息、社會安全號被竊外，包含有數百萬聯邦僱員和承包商的機密級別的數據庫可能也被中共駭客侵入。

《愛爾蘭時報》報導，最新確認被盜的數據來自一個被稱為 SF-86 的安全調查表，這是對聯邦僱員及申請人的背景調查表，其中詳細記錄了申請者是否有精神疾病、酗酒或使用毒品、有無犯罪記錄、經濟歷史、投資記錄、家屬和親戚的姓名與聯繫方式、海外旅行記錄與外國聯繫人的情況，本人和配偶的社會安全號碼等詳細信息。

一連串的大規模網路攻擊，使得美國政府和軍事系統受到潛在損害的危險大大加劇。

《愛爾蘭時報》報導稱，前美國高級反間諜官員布倫納（Joel Brenner）說，這些情報和軍事人員的信息是一個「金礦」，現在駭客知曉了每一個提交安全調查表的人的身分，這使得美國情報官員難以工作，並有利於中共接近和招募間諜。

6 月 12 日，參議院民主黨領袖里德（Harry Reid）說，駭客來自中國，但他沒說明駭客是中共政權還是中國的個人。眾議院情報委員會成員、共和黨參議員蘇柯林斯也表示，駭客來自中國。

眾議院情報委員會前主席羅傑斯（Mike Rogers）表示，中共情報機構一直在打算建立一個關於美國信息的數據庫。蒐集這些個人信息可用於敲詐勒索、或者發送貌似正常但實際攜帶間諜軟

件的電子郵件,以盜取美國政府機構或企業的信息。

美國情報官員說,中共為了國有企業的利益,大規模盜竊美國企業的商業情報,幾乎每個美國大公司都被中共駭客入侵過。

來自中國的駭客兩次入侵美國網路系統,給隨後在華盛頓舉行的美中對話蒙上陰影。

## 美議員:中國竊取聯邦政府僱員情報以便策反

美國之音 6 月 9 日報導,美國聯邦人事管理局(OPM)6 月 8 日(星期一)開始通知那些個人資料受到駭客入侵的聯邦政府僱員,並且向受害人提供保護和補償。可是美國國會議員和專家指出,這次駭客入侵似乎不是為了錢財,很可能是建立資料庫,以便今後策反。

美國官員 6 月 4 日公布,去年 12 月 OPM 電腦系統遭到中國駭客入侵,涉及 400 萬在職和前聯邦政府僱員,這是最近幾年來最大規模竊取美國聯邦政府僱員資料的網路入侵,也是這個機構在不到一年之內第二次遭到中國駭客入侵。聯邦人事管理局說,隨著調查的繼續,涉及人數還可能增加。

2014 年 3 月,美國聯邦人事管理局發現遭到駭客入侵,隨即採取防衛措施,正是通過那次防衛措施,在 2015 年 4 月發現了這次 OPM 網路入侵。

執法官員說,2014 年 12 月駭客行動獲得的資料包括聯邦僱員的社會保險號碼、工作任命、業績評估和培訓信息。有關官員沒有說明聯邦僱員的銀行直接存款帳戶資料是否失竊。

美國國會眾議院國土安全委員會主席邁克爾·麥考爾指責中

國對這次網路攻擊負有責任。他在 CBS《面對全國》節目上說：「這是中國對美國政府的攻擊。」「這次攻擊不是針對信用卡信息之類的盜竊，而是獲取聯邦政府內政治任命官員和聯邦政府僱員的個人信息，以便以後對他們加以利用。他們可以用這些信息來從事間諜活動，或用來招募間諜，或者用來脅迫訛詐聯邦政府內的人。」

國際戰略與研究中心戰略技術項目辦公室副主任、華盛頓智囊國際戰略與研究中心戰略技術項目辦公室副主任鄧尼斯‧鄭（Denise Zheng）同意這種分析，她說，這是大量收集美國聯邦政府僱員情報的一部分，那些為美國政府工作的僱員可能接觸國家安全或者外交政策的敏感信息，所以這次網路攻擊的目的之一是建立資料庫。

執法部門官員說，遭到這次網路攻擊的是美國內政部的聯邦人事管理局資料庫，這個資料庫沒有背景調查資料，或者僱員申請安全檢查的資料。

而 2014 年 3 月的網路攻擊卻相反，有關官員發現，駭客入侵了聯邦人事管理局系統，竊取敏感資料和聯邦政府僱員申請安全檢查的資料。

美國聯邦人事管理局負責對政府僱員進行背景和安全調查，這個機構的信息主管唐娜‧西摩說：「我們擁有大量人員信息，那是我們的對手想要的資料。」

駭客可以利用這些個人信息來製造網路釣魚電子郵件，收件人打開其中的附件後，駭客就獲得了進入電腦的管道。比如，駭客通過盜竊來的聯邦僱員的資料，偽裝成同事，發送假郵件，入侵政府電腦系統。

　　美國國會情報委員會成員，來自加州的眾議員亞當·希夫認為，美國政府的電腦系統和安全技術是落後的。他說：「這起最新網路入侵事件令人震驚，因為美國民眾以為聯邦政府的電腦擁有最先進的安全防衛手段。來自駭客、恐怖分子和其他國家的網路攻擊，是我們每天面臨的最大的威脅，提高網路安全和防衛措施已經被延誤到危險的地步。」

　　層出不窮的網路間諜指控使美中關係受損，同時也是正在舉行的美中對話的關鍵議題之一，儘管雙方公開繞開這項議題。

　　報導說，美國人事管理局擁有所有聯邦僱員的個人資料。那些需要申請安全許可的資料可能包括外國往來、過去的職業、用藥及其他細節。機構及承包商用這些信息調查僱員。

## 部分駭客或來自中共情報機構

　　美國之音 6 月 20 日援引路透社消息報導，入侵美國 OPM 的駭客有一部分可能要溯源到中共國安部。

　　美國司法部去年 5 月對解放軍駐上海的 61398 部隊的五名軍官發出通緝，指控他們用網路間諜手段盜取美國幾家大公司的商業祕密，而這次聯邦僱員的人事信息被盜似乎屬於不同性質。

　　路透社引用熟悉美國政府調查情況的人士的話說，中共軍方的攻取目標一般為國防和商業祕密，而這次襲擊美國聯邦政府人事管理局（OPM）的駭客組織一再獲取有助於中國反間諜和內部維穩的數據。

　　消息人士對路透社說，這次的駭客使用了一種被稱為 Sakula 的罕見工具，遠程式控制制電腦，Sakula 只被少數中國駭客組織

使用。

這種工具曾在去年被用來侵入美國醫療保險公司安瑟（Anthem Inc）的數據庫。而網路安全專家已追蹤出，侵入安瑟公司的駭客是一個和中國國家安全部有關聯的組織。

此外，美國調查人員相信，駭客註冊了一個冒名網站 OPM-Learning.org，以試圖騙取員工姓名和密碼，其手段與盜取安瑟公司數據時如出一轍。安瑟的網站曾叫 Wellpoint，駭客偷梁換柱，設立了一個 We11.com。阿拉伯數字 1 乍看上去，很像英語字母 l。

入侵醫療保險公司和人事局的惡意軟件都使用了從南韓軟件公司 DTOPTOOLZ 盜取來的安全認證。

## 策反間諜的三大命門

軍事與外交政策電子媒體 War on the Rocks 的編輯里安・埃文斯（Ryan Evans）在《華盛頓郵報》撰文說，背叛自己國家的人最常見的動機包括貪婪、自負和被勒索，而盜取了聯邦僱員安全審查信息，就可能掌握了這三大命門。

在敏感崗位的安全審查中，工作申請人或僱員要把自己乃至三親六故的背景以及海外聯繫交代得一清二楚。

誰欠債缺錢，誰跟自己以前的老闆有過節，誰覺得自己懷才不遇要另謀高就，誰背著老婆偷會小三，誰在國外有親人可能被加以威脅利用，這些只向政府調查人員匯報的個人私隱有可能被外國諜報機關拿來發展間諜，還可以賣給美國的其他對頭。

文章說，一位前美國情報官員形容說，這種數據是「皇冠上的寶珠」。他說，OPM 數據被盜對國家安全的危害超過了斯諾登

洩密案。

## 或是江澤民殘餘勢力攪局

OPM 被黑事件後，美國國會狠批行政當局網路安全措施不力。已經有幾名來自兩黨的議員公開要求 OPM 局長凱瑟琳・阿丘利塔（Katherine Archuleta）辭職。奧巴馬總統已表示，在網路安全問題上，美國政府必須採取更強有力的措施。

但白宮沒有正式指責中國駭客襲擊 OPM 網路。

分析認為，中共國安部曾經長期被江澤民的勢力所占據，該部門最近受到習近平的嚴厲清洗和整肅。如果這次網路攻擊來自中共情報機構，或許是江澤民勢力殘餘對即將展開的美中戰略與經濟對話的攪局，並意圖給習近平三個月後的訪美之行蒙上嚴重陰影。

## 中共對美國早已宣戰

中共一直把美國作為假想敵，不斷製造美國「亡共之心不死」的宣傳，傳播對美國的仇恨。在某種程度上，中共對美國早已是不宣而戰。這在 2013 年年底一度火爆網路、充滿冷戰思維和陰謀論的中共軍方宣傳片《較量無聲》中可以略見端倪。

英國布里斯托大學國際關係博士候選人王鵬 2013 年 11 月 12 日在英國《金融時報》撰稿表示，2013 年 10 月，在中國國內以及海外的眾多社交媒體或視頻網站上，一段 92 分鐘的視頻《較量無聲》正在熱播。

這是一部略顯冗長的政治宣傳片，內容是中美之間在意識形態、社會制度、政權合法性等戰線上展開的無處不在、無可迴避的終極較量。

這部影片由中共最權威的五大部門合力製作完成，包括中國人民解放軍國防大學，其政委、校長兩位上將並列為該片總策劃。據悉，最開始它是作為國防大學內部思政教育片而製作的，於2013年6月完成拍攝，並在中共解放軍指戰員及黨政機關放映。

然而僅僅四個月後，這部「內部資料」突然出現在互聯網上，並被眾多社交媒體、視頻網站大量轉發。

文章稱，這對任何一個受過國際關係專業訓練的觀察者而言，該片透露的最重要的政治信號莫過於它是1997年中美元首互訪恢復以來，中共第一次如此明確、肯定、毫不掩飾地在（半）公開權威宣傳材料中，將美國界定為敵人，將中美關係、未來趨勢定性為「兩個國家、兩種制度，在合作表像下掩蓋下的未來較量」。

王鵬表示，回顧歷史，1989年的天安門事件和冷戰的結束，徹底終結了中美兩國上世紀80年代的「蜜月期」。

80年代期間，中國參與抑制蘇聯在阿富汗等國的軍事擴張，在事實上（雖然礙於意識形態和面子沒有明說）成為美國的軍事盟友。

冷戰結束後，美國失去了最大的敵人蘇聯，中國就沒有原先的戰略價值可以利用了。

加之天安門事件使中美關係破裂，後來即使有修補，但是在事實上再也沒有恢復到80年代時「軍事同盟」的關係。

此間中美之間發生過的一些零星衝突值得注意，其中最重

要的莫過於 1999 年美國對中國駐南聯盟大使館的「誤炸」以及 2001 年 4 月的南中國海撞機事件。它們使兩國關係幾乎降至冰點。

回顧這段歷史，套用傅高義（Ezra F. Vogel）一本書的書名來總結，那就是中美關係「充滿變數」（The Age of Uncertainty）。

## FBI 搜捕中共軍方間諜過程流出

美國司法部 2014 年 5 月 19 日首次以網路間諜罪名起訴五名中共軍方官員之後，中共網軍的間諜活動受到外界關注。

5 月 21 日，法國媒體《費加羅報》披露，美國司法部使用將近八個月時間收集中國網路駭客的證據，同時說服了遭網路間諜襲擊的美國企業同意公開身分。

報導稱，中共軍方間諜一些非常滑稽可笑的失誤導致其暴露了身分。例如中共軍方間諜使用「運行安全」，使美國網路安全公司得以找到他們的蛛絲馬跡。有些中共軍方間諜在實施駭客行為前，使用美國 IP 和假位址註冊谷歌信箱，在電話驗證中填寫的卻是上海的手機號碼。有的甚至棄用可以翻越中共「防火長城」的虛擬專用網路（VPN），直接從自己實施網路間諜活動的服務器登陸自己的臉書和推特帳戶。還有的中共軍方間諜公開顯示他們對網路戰爭有興趣。所有這些失誤都為 FBI 驗證其間諜身分提供了方便。

報導以王東為例進行了說明。王東是被美國司法部起訴的五名中共軍方官員之一，他是這樣被發現的：2004 年，王東提供了自己的英文名字「Jack Wang」，進入《解放軍報》的網路參加一個關於網路戰爭的討論；2006 年，他用自己的中文名字「王東」

下載了一個可以淹沒信箱的軟件；2007 年，他使用「UglyGorilla」發表了一組命名為「MANITSME」的惡意攻擊軟件；當他設法進入了美國鋼鐵公司的網路，使用木馬計偷竊大量信息之後，他上述那些活動訊息便成為 FBI 查驗其身分的線索和證據。

## 被起訴中共軍方間諜是 61398 部隊成員

被美國司法部起訴的五名中共軍方人員均為 61398 部隊第三支隊成員，61398 部隊此前也被美國稱為「解放軍駭客總部」。這五人分別是（音譯）：孫凱良（Sun Kailiang）、黃鎮宇（Huang Zhenyu）、文新宇（Wen Xinyu）、王東（Wang Dong），以及顧春暉（Gu Chunhui）。

據《維基百科》提供的資料，中共 61398 部隊是中共中央軍委直接管轄的一支網路部隊，隸屬中共總參謀部三部二局，被指是從事相關駭客活動的「中共網路戰的總部」。該部隊實際地理位置是位於上海市北方郊區浦東新區高橋鎮大同路一棟 12 層大樓。

## 中共網軍間諜活動讓人防不勝防

美國司法部在中共網軍竊密的起訴書中，詳細描述中共網軍如何透過偽造郵件等釣魚手段，竊取美國企業的商業機密。

例如，2008 年，中共網軍孫凱亮（音）偽造了一封看似發自時任美國鋁業公司董事會成員、日產汽車執行長戈恩（Carlos Ghosn）的電子郵件，標題是「2008 年股東大會議程」，內有議程附件，共發給約 19 名美國鋁業員工。

這種釣魚手法很簡單，但很管用。當美國鋁業一名員工打開附件後，這名員工的電腦上就立即被植入惡意軟體，讓駭客竊走了863封電子郵件。

## 美媒：美國準備起訴更多中共駭客

2014年5月，美國檢察官指控，在中國上海的一棟12層大樓中，61398部隊的士兵們使用網路戰技術來盜竊美國公司的機密。在周一公布的一份詳細的起訴書當中，中共軍隊那個隱祕單位的五名情報官被控實施經濟間諜活動、貿易機密盜竊及密謀計算機欺詐和濫用等罪名。《芝加哥論壇報》5月21日發表社論說，美國在準備更多的針對中共和俄羅斯駭客的起訴。

美國司法部的起訴書說，中共網路士兵使用諸如「醜陋大猩猩」的馬甲，入侵美國鋁業公司、美國鋼鐵公司、西屋電器等前沿美國公司竊取私人文件。檢察官指控，他們的使命是：盜竊美國工業技術以加速讓中國企業更加有競爭力。

《芝加哥論壇報》社論說，起訴書在捍衛至關重要的美國利益方面是令人歡迎的一步。這五名被告不太可能現身美國法庭，除非他們旅行到某個願意引渡他們的國家。更可能的是，這個起訴的目的是向中共發出一個信息，即盜竊美國經濟機密將不再被容忍。

文章說，我們希望這個信息會奏效。中共迄今的反應是：一個可以預見的憤怒表演和強烈否認。

中共盜竊貿易機密的努力遠遠超越任何已在美國曝光的事情。網路戰僅僅是中共獲得美國先進技術的一種方法。中共也有

著招募那些旅美學生和教授分享他們從美國學習和工作當中收集到的機密的歷史。

在中國，一些最大的公司是由政府擁有和控制。政府和私營領域之間的間隔更少，使得盜竊來的貿易機密更容易被用於商業用途。中共也必然從商業間諜活動當中獲益更多，因為美國企業擁有最先進的技術。

在這樁最新起訴的案件當中，無名英雄是那些跟美國司法部合作、並將間諜事件公開的公司。這些公司原本一定希望對事件保持低調，以避免引發外界對他們的網路安全系統的懷疑，以及招致其他人攻擊他們的系統。

而且，在全球做生意的跨國公司可能面臨來自中共當局的報復，他們的生意可能受損。

然而，更大的風險是，他們如果不採取行動，將允許外國政府繼續盜竊知識產權。

美國司法部說，中共機構已經發動數千次網路攻擊，旨在獲得有價值的機密。袖手旁觀這一切發生將是不可容忍的。「更多的涉及中共以及俄羅斯駭客的案件在準備當中，讓我們期待更多的起訴到來。」

## 第四節

# 羅干指使間諜
# 盜竊杜邦鈦白粉案

2016 年 3 月，《彭博新聞》發表文章，詳述關於杜邦公司鈦白粉技術被盜一案，題為《商業間諜如何策劃盜用杜邦價值 10 億美元白色配方》。白色配方指鈦白粉。

從聖經的書頁到超級遊艇的外殼，再到 Oreo 餅乾的雪白夾心，都不可缺少鈦白粉，它可用於美化很多產品。

杜邦公司竭力保護的商業機密仍然被間諜盜竊，這中間涉及中共高層官員的指使。

TiO2 是一種天然氧化物，通常從鈦鐵礦中提取。20 世紀 40 年代，杜邦公司的化學家們研製精煉了加工工序，製作出一種高品質的「鈦白」色，並將其應用於化妝品、塑膠乃至網球場上的白色粉筆線。杜邦將其研製出的鈦白粉發展成為 26 億美元的生意。2015 年秋季，杜邦將該部分業務分拆，轉至新成立的化工公

司科慕（Chemours），位於美國特拉華州的威爾明頓。

## 杜邦竭力保護鈦白粉技術仍然被盜

還有一些公司生產 TiO2，包括達拉斯的 Kronos Worldwide 和康州的 Tronox。2016 年，科慕（杜邦）與這些公司預計將生產出 500 萬噸的鈦白粉。中國的染料生產量也很大，其用於工業的耗量占世界供給的四分之一，但是，與杜邦開發的技術相比，中國的大部分鈦白粉廠家的生產製程既低效又危險。

從 1990 年代開始，中共政府與國有企業開始尋求解決途徑，以獲取杜邦的技術，只是沒有通過正式管道與杜邦接觸。

美國司法部負責國家安全的副司法部長約翰·卡林（John Carlin）說：「這就是偷竊，這並非關乎國家安全機密的問題，而是偷竊用來賺錢的東西。」

科慕（杜邦）的確是在竭力保護其鈦白粉技術，廠區內有門衛巡邏，四周柵欄高築，到訪者必須有人陪同，而且嚴禁拍照。文件與圖紙必須有簽字，手提包進出也要接受檢查，員工需簽署保密協議，不斷被培訓保護專利產權的意識，工作區被分割成各自獨立的部門，極少數員工能接觸到廠區內的所有部門。

即便這樣，杜邦的商業機密還是被盜了。2014 年，舊金山的一起聯邦庭審中，美國入籍公民沃爾特·劉（Walter Liew）被指控在 1997 至 2011 年間盜用杜邦優質鈦白粉的生產文件書，他甚至拿到了工廠的圖紙，用這些信息獲取了價值 3000 萬美元的合同。聯邦調查局官員與聯邦檢察官將劉的案例作為了解北京當局追求美國知識產權的分水嶺事件。其他公司也開發鈦白粉技術，

但科慕（杜邦）的工藝被認為是最好的。

## 劉在羅干的指使下開始盜竊行動

劉現年 58 歲，華裔，出生於馬來西亞，在校期間成績優秀，早年到台灣攻讀學士學位，後於 1982 年在奧克拉荷馬州州立大學獲得電子工程碩士學位，曾在惠普公司工作，1989 年創業，成立了一家技術信息公司。

1991 年，劉受邀到北京參加宴會。據 FBI 官員 Kevin Phelan 稱，2004 年劉在一封為贏得生產鈦白粉合同的信件中描述說，在那次宴會上，他曾與羅干會面，羅當時任北京——國務院祕書長，在羅干的指使下，劉開始了 20 年的謊言、欺騙和盜竊行動。

1990 年代中期，劉與中國公司及官員建立起往來，後來簽約在株洲成立了一家工廠，生產丙烯酸樹脂，一種輔助漆料，這家工廠奠定了劉成功的基礎，後來，劉開始轉向鈦白粉。

1997 年，劉和兩位美國合夥人與承德一家公司的領導層見面，這家公司試圖建立鈦白粉工廠，劉對這種產品知之甚少，但對自己的能力卻是信心十足。

劉和他的合夥人開始到網上搜索，尋找知曉杜邦鈦白粉製造技術的人員，他們找到了住在內華達州里諾市（Reno）、49 歲的前杜邦工程師 Tim Spitler。1997 年 10 月，劉與太太，還有一位化學工程師 Michael Marinak 從加州奧克蘭驅車前往，拜訪 Spitler。他們在一家酒店見面，然後一起就餐。Spitler 原本要在劉的庭審中作證，卻在 2012 年早些時候，也就是劉和他的太太被捕不久後自殺。

據 FBI 文件，劉與 Spitler 之間有數年的往來。Spitler 對杜邦的商業策略和 90 年代裁掉幾千名員工的決策憤憤不平，劉對 Spitler 大加奉承，令 Spitler 感受到自己的價值。

Spitler 向劉提供了杜邦生產技術方面的信息，甚至主要結構圖，還允許他翻遍家裡所有的箱子，任其索取。Spitler 對聯邦官員說，劉支付給他 1 萬 5000 美金，作為提供杜邦文件的報酬，文件還包括位於特拉華州的工廠圖紙。圖紙提供了流速率、管道尺寸、溫度和化學成分。美國執法官員稱，這些是杜邦最關鍵的商業機密之一，而劉用這些文件向中共的高官證明自己的誠意。

劉還盯上了杜邦公司的其他前任員工，通過互聯網搜索，很快於 1997 年結識了羅伯特‧馬潔爾（Robert Maegerle），並在威爾明頓的辦公室與他見面。馬潔爾當時 62 歲，已退休，曾經在杜邦工作 35 年，任機械工程師，主要負責鈦白粉的生產。

## 劉與杜邦離職員工合謀竊密

跟 Spitler 很像，他對杜邦的一些商業決策也表示不滿，就在與劉見面不久，他便開始為劉做諮詢，後來，當劉開始競標收購一家小型工廠之後，馬潔爾為其工作的力度也開始加碼。當時劉為大型國企攀鋼集團競標收購一家工廠，位於遼寧省錦州市。

2004 年，劉寫信給攀鋼集團董事長洪及鄙遊說他的公司完成收購工作，信中寫道：「經過多年的跟蹤研究和應用，我公司已經擁有並熟練掌握了杜邦公司的鈦白粉加工方法。」

在獲取那份合同以及另一份合同的過程中，劉向中共的高官們出示了 Spitler 給他的圖紙以及其他敏感性資料。2008 年 7 月，

他計畫在重慶設計興建一個更大的鈦白粉加工廠,他向攀鋼高管們提供了從馬潔爾處獲取的杜邦設備圖片。劉和他的太太與攀鋼高管在北京會面,解釋說他們為什麼有能力興建工廠,聲稱他們擁有一個 16 名成員的團隊,精通鈦白粉的製作。

那顯然是在吹牛,因為除了馬潔爾,劉的員工沒有一個有生產鈦白粉的背景,有幾個員工是從 Craiglist 上找到的,其中一名員工告訴調查官,他對鈦白粉的最初知識還是來自於維基百科。

當他們在為攀鋼集團做策劃書時,馬潔爾向劉提供了一份 407 頁內容詳細的手冊,這是杜邦在台灣鈦白粉工廠的基本資料文件。據庭審證詞,該文件包含了興建工廠所需的所有信息,杜邦工程師隨後揭示出 120 多處例子,證明前杜邦員工向劉提供過杜邦的文件細節。

2009 年 5 月,劉的公司拿到了 1780 萬美元的合同,幫助攀鋼在重慶設計一家大型鈦白粉工廠,短短幾年,劉從攀鋼集團至少拿到三份合同,價值 2800 萬美元。

美國執法官員稱,劉並沒有因此而炫富,他繼續低調住在位於加州奧克蘭郊區租用的中等價位房子,離舊金山大約 30 分鐘的車程。他僅有的兩個奢侈品:一輛醬紫色奔馳休旅車,和位於新加坡的一棟豪華連棟屋。劉把他的大部分收入都匯到了國外,大約 1700 萬美金,美國官員不知道他把那些錢寄到了什麼地方。

2009 年 1 月,劉的公司 Performance Group 宣布破產,2006 至 2010 年間,他報稅時只申報了 478 萬美元的收入,他的公司兩次易名,僅交稅 4000 美元,聯邦調查員隨後將判定,劉過去至少欠美國政府 600 萬美元的稅金。

2009 年,攀鋼集團聘請了一名諮詢人員檢查劉的工作,這位

諮詢人員是前杜邦工程師，退休後自己經營公司，名叫趙志，81歲。美國官員稱，趙志曾向攀鋼提供杜邦的商業機密，其工作內容就是確保劉的計畫可行且的確含有杜邦的信息。

趙在報告中加入了一些他自己知道的商業機密，他已在聯邦法庭認罪，要求被按商業間諜處置，目前面臨審判。

攀鋼還聘請了澳洲權威知名諮詢公司——TZ礦物國際有限公司檢查劉的計畫書。但是，美國執法官員稱，攀鋼並不是要諮詢劉所提供的東西是否有問題，而是要確認是否真的是杜邦技術。

諮詢師們警告攀鋼說，劉的公司所提供的技術源自杜邦公司，公司在報告中建議攀鋼集團尋求「進一步的法律諮詢」。

## 攀鋼竊密案涉中共高層官員

美國執法官員說，攀鋼集團不但對此建議置之不理，反而因為確定拿到了真實技術而沾沾自喜。但是，TZ礦物國際的一位高級諮詢師發現這件事後，聯絡杜邦公司，告知這家化工巨頭關於劉公司的所為，諮詢師的提示引起了杜邦公司競爭信息部門經理Connie Hubbard的注意。

Hubbard看到劉在公司網站上吹噓「在精細化工領域擁有廣泛的實踐經驗」，「公司專家有多年陶氏（Dow）、杜邦、羅門哈斯（Rohm & Haas）、雪佛龍等化工公司的工作經驗」。杜邦公司律師隨後向劉發了一份嚴肅的信函，讓劉解釋他的公司是如何掌握到技術的，劉對此沒有做出任何回應，但是，他的網站很快刪除了涉及杜邦技術的信息。2010年8月，杜邦收到了第二個關於劉的警告，是一封匿名信，發信人稱他和他的一名員工「盜

用美國公司的鈦技術」，並將其賣給了中國。杜邦公司的高管和
FBI 官員至今也沒搞清楚那封信是從哪裡發出來的。

幾個月後，杜邦提起訴訟，控告劉盜竊杜邦公司商業機密。
2011 年 7 月，FBI 官員突襲劉在加州的住家和辦公室，還有馬潔
爾在特拉威爾的家。在搜查劉家時，官員發現劉的太太在廚房的
鑰匙包，裡面有幾把鑰匙，包括一把保險櫃的鑰匙。

幾分鐘後，劉太太問是否可以離開一下去吃早餐，官員們當
然很高興地答應了，他們跟蹤她到了奧卡蘭一家銀行，後來他們
用她鑰匙包裡的一把鑰匙打開劉家的保險櫃，看到了藏匿在那兒
的一堆可做罪證的文件。離開銀行後，劉太太開車到達一家破舊
的汽車旅館，FBI 官員發現她與幾個中國人會面，後來查出，他
們都是攀鋼集團的高管。聯邦調查局突襲了該旅館，記錄顯示，
這些攀鋼的高管與中共政府有關係。

2014 年，劉在聯邦法庭被定罪為商業間諜、竊取商業機密和
報稅欺詐，被判處 15 年監禁，已經在監獄服刑；馬潔爾被定罪
為共犯，罪名為合謀出售商業機密、企圖偷竊商業機密、合謀妨
礙司法公正，被判處兩年半監禁；2015 年 9 月，劉太太認罪破壞
證據，被判處緩刑三年。

據美國這邊所知，中國重慶工廠至今還沒完工，錦州那家小
工廠還在運行，業內普遍認為，他們所使用的就是杜邦的技術。

司法部已經對攀鋼集團及其三個分公司的高管提出控告，控
告罪名為合謀進行商業間諜活動，但是，沒辦法對他們實行起訴
進行判罪。最新司法文件顯示，FBI 對那家旅館的突襲中發現，
杜邦公司的電腦已經被駭客了。

令家竊密詳情　習近平大驚

# 第十一章

# 反思人生 告別間諜

中國北大高材生、前美國杜邦公司化學家孟鴻商業竊密案在美國轟動一時。由於受黨文化的毒害，以及法制觀念淡薄，很多華裔科技工被懷疑是中共的商業間諜。如何擺脫舊觀念的束縛，真正融入主流社會，這是華裔經常思考的問題。

（AFP）

## 第一節

# 「六四」學運領袖劉剛
# 曝妻子為中共間諜

　　流亡美國的前「六四」學運領袖劉剛 2011 年 5 月 27 日突然在推特（Twitter）上大曝妻子是中共軍方女間諜內幕，認為四年前與他甫見面即要求結婚的女子郭盈華是中共為對付海外民運人士而派到他身邊的臥底，並列舉懷疑妻子是女間諜的種種理由，認為自己被女間諜色誘。

　　港媒報導，他表示欲通過曝光「諜妻」，令外界對中共的手段有所防範。劉妻郭盈華表示，要控告劉對她「誹謗」，但劉堅稱有郭在中國軍校的畢業證及其他郭是中國特工的證據。劉、郭兩人當時已分居並辦理離婚中，兩人育有一名兩歲女兒。

　　劉剛還在推特稱，他已向美國聯邦調查局（FBI）舉報郭盈華，並透露郭已在美國法庭上公開承認她是畢業於軍校，是軍官，後又經過祕密培訓幾年，官階上尉。她也在綠卡申請表中撒謊。

## 網上結識見面幾小時就要求結婚

劉剛在推文中說,他因「六四」坐牢後,於 1996 年 4 月,被「黃雀行動」接應到香港,於 4 月 30 日由美國駐香港理事送往美國,並進入美國哥倫比亞大學計算機系。於 1998 年獲得碩士學位後,便先後在貝爾實驗室、花旗銀行等公司工作就業至今。

劉剛表示,赴美後因常參與反對中共的活動,包括 2005 年趙紫陽去世後發起成立海外治喪委員會,及發起旨在紀念「六四」的「天鵝絨行動」,中共對他恨之入骨,對他發動「超限戰」(即不擇手段打擊對手);2007 年 6 月,郭盈華在網上主動找上他,他見對方條件出色,是美國頂尖大學的商學院畢業,也是美國大公司裡的管理人員,便同意交往。但兩人才見面幾小時,郭就提出結婚。他當時僅認為這是美國方式,就答應了。

婚後,劉剛指女方自此對他實行經濟和政治的「剝奪」,限制他參與反中共的政治活動,又要他耗巨資買車、買鑽戒和貴重物品,並將他的帳戶內的錢轉移到其帳戶。劉又指郭一直謊稱畢業於上海大學,但在一次偶然聚會,有人說她是軍官,她慌忙將那人拉到一旁,不讓那人繼續說下去。她隨後解釋說那是軍訓。她最後的暴露是因為她媽媽不小心給說漏了。

劉剛在網上列舉一系列質疑郭盈華是中共特工的證據,並表示郭擁有的軍事、精神、心理和法律訓練,以及一些恐怖技能訓練,「絕非普通軍校學生所能」。這讓他聯想到多位異見名人,如中國之春的王炳章、中國聯邦黨主席彭明、中功創始人張宏堡等皆被中共誘騙回國判監,或者在美國離奇死亡,而這些人的背後都與神祕女人有關,他因此驚嘆自己「正瀕於懸崖之邊」。

## 劉剛指女方特工疑點重重

劉剛在推特的長文中列舉妻子是中共特工的諸多疑點，並說自己直到最後才反應過來，包括槍法神準、祕密存款、不凡的修車技術、伴娘屬特工機構等。

**槍法神準**

2007 年在魏京生家，「大家在農場一道打靶，郭上尉一直不肯打長槍。當我們用手槍打一個人頭一樣的小靶時，我們幾個男人包括幾個常常練槍的人全部不中，郭上尉拿起手槍，揮手三槍，百發百中！」

**修車奇技**

一次「她將她的車的發動機做了些手腳，讓我試開她的車。我上車發動引擎，就發現引擎警告燈亮了，我就沒開。等我五分鐘後從房裡拿工具出來，見她正在擺弄一個線路開關板，將一些開關重新擺放，再從方向盤下插進去，汽車警告燈不亮了！等後來，她又幾次這樣做。有一次，我同我的朋友趙巖開著被郭女士做過手腳的車，發動機險些著火。這時，我才突然反應過來，這種技術絕對不是一般修車人員能夠或需要掌握的，那東西壞了，一般就是將那個線路板全部換了，絕不會有哪個修車行會去檢查下那些開關是否被人換過了，也沒有人沒事就去將那些小電子器件拔下來再放到另外的位置。」

**伴娘屬特工機構**

「2007 年 12 月，我們登記結婚。2008 年 5 月我們舉辦婚禮。這是婚禮攝影師發到網上的錄像《郭盈華劉剛喜結良緣》。注意這錄像中的伴娘，這其中有幾位是她們的『七仙女』成員。我後

面要講到這七仙女。她們當中有些就是中共在美國設立的機構的主要負責人。現在已有三位回中國躲避。」

**祕密存款**

「她跟我說她欠很多學生貸款。每當我帳上有餘額，她就轉到她的帳上……等到我們開始離婚時，我才發現，她的學費早就由中國某人全部付清，她每年還從中國軍方拿到 6 萬美元……我從她設立的一個共同帳戶上還發現，她竟然有 13 個銀行帳戶，僅從我能夠看到的那個銀行帳戶，她就在一年裡轉走 28 萬美元。」

此外她並限制丈夫與異見人士聯繫；反對舉辦「六四」畫展，後來邀來神祕中國男子監督等。

**劉剛的「反超限戰」**

劉剛在網文中表示，中共對他恨之入骨，因此對他發動「超限戰」。所謂「超限戰」，簡而言之即是不擇手段打擊對手，出自中國軍旅作家喬良早年與人合著的軍事理論專著《超限戰》，主張對敵人的打擊應不擇手段，包括傳統的戰爭手段以及貿易、金融、新恐怖主義及生態戰等，一切能讓對手損失的手段。

該書曾引起海內外強烈反響，美國國防部將此書配發給高級將領研讀，美國西點軍校更將此書列為學員課外必讀。但 2001 年美國 911 事件後，恐怖主義遭到全球譴責，大陸當局不敢再對該書大加讚譽。

劉剛表示，他之所以揭發中共對他使用美人計，並非為了讓那位甘心為中共賣命的「郭軍官」丟醜，而是為了讓使用這種齷齪伎倆的中共身敗名裂，臭名遠揚。

# 第二節

# 震驚高層的七起軍政洩密事件

2012 年 6 月，中共國安部曾曝出一起 350 人的間諜大案。不光中共國安部有間諜醜聞，中共軍隊中也時有「叛逃」洩密事件發生。近 30 年來，至少發生了七起震驚中共高層的軍政洩密、「叛逃」事件。

## 國安部長助理的間諜大案 涉周永康

中共 18 大前夕，在中南海權鬥最激烈的時候，中共國安部曝出一起間諜大案，波及到時任中共政法委書記周永康。

2012 年 6 月初，《法新社》報導說，美國政府的一名重量級官員確認中共國安部的一名副部長助理在中共高層調查薄熙來事件時遭到逮捕。

據悉，這名副部長助理被美國中央情報局招募，向美國提供「政治、經濟和戰略情報」。

香港《新維月刊》報導說，不僅國安部的副部長助理已被逮捕，這名副部長本人也被停職，涉案人員不下 350 人。事情爆發後，在中共高層引起震驚，下令徹查。當時掌控中共國安部的前政法委書記周永康也被牽扯進去。

據多家媒體報導，這位涉案的中共國安部副部長叫陸忠偉。

## 劉廣智少將洩密事件

劉廣智是繼劉連昆後被台灣情報部門策反的第二個中共少將級軍官，事發前劉任中共空軍指揮學院院長，為在職正軍級軍官，且為中共人大代表，地位比劉連昆高。

劉廣智涉嫌將屬於「絕密」的中共軍隊「對台作戰計畫」，空軍主力戰機的布署和訓練詳情，以及最高領導人的絕密談話內容交給台方。2004 年 3 月 2 日，劉廣智被「雙規」。

涉案者還包括空軍指揮學院的副院長等十多名高級軍官。同時被拘留的還有空軍指揮學院處長王某，他負責接收劉廣智提供情報後所得的金錢。身為空軍裝備部軍官的劉廣智兒子也同時涉案被捕。主要是向台灣提供蘇 27、蘇 30 等中共軍隊主力戰機的布署及訓練，以及中國大陸防空系統等絕密情報。

## 3213 號魚雷艇「叛逃」事件

1988 年 3 月 21 日下午，北海艦隊快艇第一支隊第 61 大

隊 3213 號魚雷艇（37016 部隊 53 分隊）作為指揮艇，連同其他五艘快艇出青島軍港前往黃海海面進行訓練，演習於 7 時 20 分結束。

在另外五艘魚雷快艇相繼返航後，殿後的 3213 號魚雷艇上，電訊兵杜新立從艇上的槍櫃中，取出一枝衝鋒鎗與一把手槍，然後將槍櫃上鎖，再將手槍交給電航兵王中榮，自攜衝鋒鎗奔上甲板，隨即朝著操作室射擊，代理艇長張曉生首先被殺，接著杜新立又陸續射殺在操作室中的五名其他軍官，副艇長張維功及輪機長曲振波則受傷倖存。其他船員聽到槍聲紛紛走避，後來集體被杜新立押至船艙。

杜新理時年 20 歲，王中榮時年 19 歲，兩人 1984 年從 3215 艇調至 3213 艇，1985 年 1 月中旬起即開始策劃劫艇「叛逃」。杜新理和王中榮控制住 3213 號魚雷快艇後，操艇調頭，輪流駕駛，奔赴韓國。

在中共的交涉下，3 月 27 日，3213 號魚雷快艇、2 名「叛逃」者、11 名倖存艇員、6 具遺體被韓國遣返。杜新立與王中榮被遣送回大陸後，經軍事法庭審理以「叛國罪」、故意殺人罪被判處死刑。

# 孟鴻竊密案反思
# 監禁開啟意外人生

前美國杜邦公司化學家孟鴻。（新紀元資料室）

　　前美國杜邦公司化學家孟鴻看到很多海歸人士回國的遭遇，他不敢輕信北京大學紙上的合同或承諾，所以他到北大正式報到之前，沒有向杜邦公司辭職，同時孟鴻向中國政府申請北京大學職位時寫了一些政治上「表忠」的話，引起杜邦公司和 FBI 高度敏感和質疑。孟鴻說，在中國那樣的環境，不說那樣的話，就拿不到職位和資源。

## 習以為常 誤踩犯罪底線

　　高薪、大房、豪華車，為了謀職北大，孟鴻從杜邦高級研究員一夕淪為偷竊公司商業機密的罪犯。一些在中國大陸社會中習以為常的習慣和做法，在美國社會中卻可能成為致命問題⋯⋯

「當時，我整個人都垮了，身體在發抖，心都碎了。我不知道應該如何向老闆和公司解釋，證明我的良心和榮譽。」

2009 年 8 月 18 日，當孟鴻吃完午飯到會議室和老闆開會時，突然進來幾個杜邦公司的安全人員，會議室的氣氛一下子緊張起來。當安全人員問他為什麼把公司機密文件上傳到他私人電腦中時，他覺得很震驚，無論如何都沒想到這是一件讓杜邦公司如此緊張的大事。

今年 43 歲的孟鴻有著令人羨慕的履歷：北京大學化學碩士學位，僅用了兩年多的時間就在美國知名的加州大學洛杉磯分校（UCLA）獲得博士學位，畢業後於 2002 年 11 月加入世界知名的杜邦公司總部任研究員，2006 年被杜邦公司提升為高級研究員。

在美國杜邦公司總部工作的七年中，這位 UCLA 的化學博士工作出色，業績顯著，且連續被公司晉升了兩次。在杜邦公司有機發光二極管的研究項目中，孟鴻是主要的技術骨幹。

2009 年 8 月，孟鴻被杜邦公司解雇。同年 9 月，杜邦公司指控孟鴻偷竊公司商業機密。從 2009 年 10 月起，保釋中的孟鴻一直在美國德拉瓦州的家中，同時促使他反思自己和人生。

## 在美杜邦任職期間書面接受北大職位

2010 年 6 月 8 日，孟鴻向美國德拉瓦州地區法庭表示服罪，承認杜邦公司和美國德拉瓦地區檢察官對自己的不當行為的指控：違反美國法律第 18 條，第 1832 項，偷竊商業機密。這項罪名將面臨最高十年的刑期和最多 25 萬美元的罰款，有關孟鴻的刑事判決和處罰將在 2010 年 9 月 14 日舉行的宣判聽證會後決定。

案件在美國媒體曝光，轟動一時。

孟鴻表示，當初完全沒有想到這樣的後果。

孟鴻在杜邦公司工作期間從事有機發光二極管（OLED）的研究。有機發光二極管代表了下一代顯示器和照明技術，杜邦公司投入了大量的資源進行研發。2009年初，杜邦公司在有機發光二極管化學工藝的研發方面取得突破，使有機發光二極管顯示器的使用壽命延長。這個化學工藝被杜邦公司視為商業機密，並得到杜邦公司的大力保護。孟鴻知道這些安全措施，知道這個化學工藝是杜邦公司的商業祕密。

根據美國司法部發布的孟鴻認罪事實說明，2009年春天，孟鴻向北京大學申請工作，並得到北大的工作，在沒有通知杜邦公司的情況下，孟鴻接受了北大的工作，雇用了一個研究生助手，得到了北大提供的辦公室、實驗室和工作電子郵件地址，孟鴻的名字還被列在北京大學教職員工的網站上，孟鴻還給當地中國政府官員做了一個報告，希望得到經費在北大從事OLED研究並把OLED商業化，這一切都是孟鴻在身為杜邦公司員工，卻沒有通知杜邦公司的情況下做的。

2009年7月30日，孟鴻給他自己的北大電子郵箱中發送他在杜邦公司的工作文件，其中包括受到杜邦公司知識產權保護的化學工藝。2009年8月，孟鴻從他在杜邦公司的電腦中下載了同樣的工作文件，然後上傳到他的私人電腦中。

另外，孟鴻還承認，他曾經向聯邦調查局做過偽證。2009年8月，孟鴻託在美國西北大學工作的一個朋友郵寄化合物樣品到孟鴻在北京大學的辦公室。郵寄的包裹裡裝有109個化合物樣品，其中有八個是屬於杜邦公司商業機密的化合物，其化學結構還沒

有被杜邦公司公開。當和聯邦調查局面談時，孟鴻否認他託朋友寄樣品的事情。

## 向中國政府表「忠心」惹懷疑

記者詢問他，「聯邦監察官的指控書上說，你在北大有自己的辦公室、實驗室、電子郵件地址，你的姓名被列在北京大學網站上的教職員工的名單上，你還招收了一個助手和研究生，並且向中國官方尋求科研項目資金，這是事實嗎？如果只是申請工作，怎麼會有這樣的事實呢？」

孟鴻表示，這是不得已而為之的事實。他說，看到很多海歸人士回國的遭遇，讓他不敢輕信紙上的合同或承諾。「回去了，到時候聘書上答應的條件兌現不了，怎麼辦？我知道很多人回去之前，都必須看著每一樣事情都落實了、到位了，才回去。實驗室、人員、科研經費都到位了，才回去。不落實就不能去。北京大學當時答應幾十萬的科研經費，最後一大半沒有到位，我就得自己去申請。」

孟鴻表示，他知道去年美國西北大學博士涂序新「海歸」到浙江大學任教三個月後，因為校方答應的職稱和很多東西不落實，無奈跳樓自殺的事情。孟鴻說，杜邦公司在檢查他的個人電腦中看到他寫給中國官方申請北京大學職位的一封信，信上有對中國政府表「忠心」的話，就非常敏感。

記者問孟鴻申請北京大學職位，為什麼要說政治上表忠心的話呢？孟鴻說，在中國那樣的環境，不說那樣的話，就拿不到職位和資源。

孟鴻表示，2008 年在考慮接受去上海杜邦公司的工作機會期間，老闆給他晉升的級別沒有達到他的要求，他要長兩級，老闆只給他長了一級，為此，他曾經跟老闆拍桌子發火。孟鴻承認，他確實向北京大學申請過職位，但沒有正式到北京大學報到上班，也沒有拿北京大學的薪水。

## 工作勤奮 導師：見過的最好學生之一

孟鴻以前在美國貝爾實驗室的導師、現任斯坦福大學化工系教授 Bao Zhenan（音譯包哲南）對孟鴻的評價是勤奮，並非常肯定他業務能力。

她對《大紀元》表示：「孟鴻是我見過的最好的學生之一。他工作非常勤奮，他一周七天，天天工作 14 至 16 個小時。一般人每天只做一個實驗，孟鴻會在一天內同時做四至五個實驗，他的有機化學背景很強。他能在短短幾個月之內做出很多新的化學合成。」

## 美國專家：孟鴻行為違反知識產權法

美國著名知識產權專家、Gibney, Anthony & Flaherty 律師事務所的合夥人、國際反假冒產品協會的董事布萊恩·布朗克特（Brian Brokate）在接受採訪時指出，孟鴻在杜邦公司參與發明的科技，是在杜邦公司的投資下做出來的，屬於杜邦公司產權所有，不屬於員工。孟鴻的做法，把公司的科技發明視為己有，違反了知識產權法。

布朗克特說，孟鴻是個受過高等教育的人，在美國讀的博士，

應該不是一個故意犯罪的人，他很可能是無意的。在中國人「習以為常」的事情，在美國和其他講法制的國家就可能觸犯了法律。

負責調查此案的聯邦調查局（FBI）負責人理查·麥克費里說：「保護由私營企業中我們信賴的夥伴創造的敏感技術，一直是、並仍將是聯邦調查局的重要目標。我們仍將調查和起訴那些利用美國技術為己謀利的人。」

美國聯邦律師戴維·威斯說：「對孟鴻的起訴，是我們對加強保護知識產權的承諾，尤其是把敏感的商業機密信息轉移到美國以外的案件」。

## 助理檢查官：警示他人不犯同樣錯誤

就孟鴻將面臨什麼樣的刑事處罰的問題，記者採訪了主管此案的美國司法部助理檢查官羅伯特·克里弗茲（Robert F. Kravetz），克里弗茲說，此案的最高懲罰是最長十年監禁和最多 25 萬美元罰款，在對孟鴻的實際量刑中，法官會考慮到以下幾個因素：如被告的犯罪事實和行為，被告過去犯罪的歷史，警示被告日後不再犯同樣的錯誤，警示他人不要犯同樣的錯誤，警示被告不對公眾造成傷害，警示人們尊重法律等。據悉，被告的認罪態度和是否有誠意也是法官考量對被告量刑的關鍵因素。

對於大部分經過留學移民美國的華人來說，孟鴻應該是一個成功的樣板。取得博士學位，在全球五百大企業當中擔任高級研究員，高薪大房豪華車。然而，在美國這個社會中，一些在中國大陸社會中習以為常的習慣和做法，卻可能成為致命問題，令人深思，也應引以為鑑。

第四節

# 提醒：
# 華裔工程師應謹慎的六類行為

　　華人尤其是高科技工程師，最怕一不小心惹上「間諜」罪名。有的人確實做出了間諜行為，也有一些人是因為不了解美國的公司文化，無意中觸犯了業內大忌，結果百口莫辯。在美國工作或學習應該注意哪些方面，才能避免陷入不必要的麻煩呢？

### 涉經濟間諜 多名華人工程師中招

　　2015 年 5 月，一則中國明星教授在美國洛杉磯國際機場被補的新聞引人關注：擁有南加州大學博士學位的天津大學教授張浩，於當年 5 月 16 日從中國飛到洛杉磯入關時被警方逮捕。

　　美國司法部隨後宣布，張浩與其他五名同案被告涉嫌在中共資助下，長期在美國從事經濟間諜活動，在兩家美國公司獲取

的可用於軍事的射頻濾波技術——薄膜體聲波諧振器（FBAR 或 TFBAR）竊取到中國，並計畫在中國設廠大規模使用這種最先進通信過濾技術，並期待隨後獲得商業和軍事訂單。

這項間諜指控的法律來源是美國國會 1996 年出台的《經濟間諜法》（EEA），這是美國首次將竊取商業祕密或知識產權這種無形資產的侵權行為納入聯邦法律。自該法頒布以來，美國矽谷就有包括至少五名華裔高科技工程師被控為經濟間諜，一旦罪名成立，就要面臨 10 至 15 年監禁和最多 50 萬美元的罰金。

**各種各樣的商業竊密行為**

2013 年啟動的《外國經濟間諜懲罰加重法》，提升了對外國經濟間諜的罰金，對自然人提升至不超過 500 萬美元，對法人提升至不超過 1000 萬美元的罰金或 3 倍於被盜商業祕密價值，包括研究和設計費用，防止被盜的其他費用。

根據《經濟間諜法》，商業祕密是指金融、商業、科學、技術經濟或工程等領域的各種形式與類型的信息，無論有形或無形，可以是以物理、電子、圖形、攝影或寫作的方式被存儲，只要該信息被採取了隱蔽性措施，也具有經濟價值。

如果行為人蓄意或故意通過將不法獲取的商業祕密，使外國政府、機構或其代理獲益，不侷限於實現商業利益，就會犯下經濟間諜罪。不法獲取的方式包括但不限於盜竊或未經授權占有、隱匿，或以欺詐、欺瞞方式取得，或未經授權而複製、傳播，或購買、持有、轉移明知是不法獲取的商業祕密等。

天華律師事務所資深律師蔡旌明表示，很多高科技公司都很

注意商業機密的安全，會在平時接收文件或交接任務時，對涉及到祕密的文件用圖章標示機密性；公司的內部通知一般也屬於機密材料。公司僱用新員工時會告知不可使用或洩露前任公司的相關信息，不得擅自使用公司的商業祕密，並簽署書面協議。

## 律師忠告：六類情況需謹慎

加州矽谷地區是世界知名高科技公司雲集之地，高科技工程師很容易接觸到公司的商業祕密，那麼應該如何讓自己避免涉及商業間諜的行為呢？蔡律師給大家提出六條建議：

一、雇主應該保存完整全面的商業記錄，要求技術員工對每天的工作內容和進展在記事本上做好記錄，包括草圖、草稿，萬一遇上官司，能證明每一步研發的合法來源。筆記本上的記錄文件容易顯示保存時間，有利於證明自主發明生成的時間。

二、僱員在前任公司中使用到的知識、技術、圖紙和說明書，如果是公開的，可以繼續使用，機密的則不行。

三、僱員只能使用自己個人的工作技能和經驗，步入全新的工作環境。

四、僱員離職時，不要帶走該公司的材料（除個人收入證明，以便報稅），不要把公司的內部郵箱作為個人郵箱混合使用。

五、僱員跳槽到新公司，新公司最好讓其使用全新的電腦，從零開始起步，不含在前任公司中積攢的郵件、文件和消息。

六、公司與員工簽署的協議內容，需要寫明員工在上班與業餘期間完成的發明創造和專利等成果，歸公司收益。若要個人獲得收益權，只有離職或以顧問身分任職後，才展開新的發明創造。

中國大變動系列 **046**

# 令家竊密詳情 習近平大驚

**作者**：王淨文／季達。**執行編輯**：張淑華／韋拓。**美術編輯**：林彩綺。**出版**：新紀元周刊出版社有限公司。**地址**：香港荃灣白田壩街5-21號嘉力工業中心B座3樓25。**電話**：886-2-2949-3258 （台灣） 852-2730-2380 （香港）。**傳真**：886-2-2949-3250 （台灣） ／852-2399-0060 (香港)。**Email**：newepochservice@gmail.com。**網址**：shop.epochweekly.com。**香港發行**：田園書屋。**地址**：九龍旺角西洋菜街56號2樓。**電話**：852-2394-8863。**台灣發行**：高見文化行銷股份有限公司。**地址**：新北市樹林區佳園路二段70-1號。**電話**：886-2-2668-9005。**規格**：21cm×14.8cm。**國際書號**：ISBN978-988-13960-7-5。**定價**：US$29.98。**出版日期**：2016年9月。

新紀元
NEW EPOCH WEEKLY